これでわかった！
イケイケ銀行営業担当者への変身・脱皮法

取引先に行く勇気がわく本

信金中央金庫
佐々木城夛
sasaki jota

近代セールス社

はじめに　～本書の発行にあたって～

　金融機関が預金の受入れや融資の実行を通じて顧客や社会に貢献する行為は、広く一般に実施される「事業者の経済活動」のひとつと捉えられます。近時のわが国の低い経済成長実態を鑑みれば、"血流"部分の（文字どおりの）円滑化を受け持つ金融機関に対しても、一層の奮起が期待されることとなります。

　金融機関における顧客との接点は、直接には営業店が担うこととなり、その中心は店外での営業（渉外）担当者と店内での窓口（テラー）担当者となります。それゆえに、顧客への具体的な金融サービスの向上には、営業・窓口担当者個々人による創意工夫部分が極めて大きいのです。

　本書では、このうち営業（渉外）担当者に焦点を当て、各々の活動過程で重要となる着眼点について順を追って解説しています。どのような状況においてどのような心理状態や行動に至ったかを示すため、（①～⑩の総数10コメントによる）会話形式の事例を添付しました。登場人物の置かれた状況を連想し、読者の皆さんの日常の活動と対比いただければ幸いです。

　また、本書における営業（渉外）活動は、顧客との接点を強化する活動全般を包含した概念としますが、その中でもいわゆる（外部への）訪問活動を中心に置くこととします。本書を通じて一貫させた基本的な考え方に「"成果"や実績に結びつく営業（渉外）活動とするためには、それ相応の準備が求められる」ことを据えました。なぜなら、今なお金融機関同士が激しく競争し、営業（渉外）担当者同士が鎬を削る中にあっては、行き当たりばったりで成果を出し続けられるほど営業（渉外）活動は簡単で甘いものではないからです。

　営業（渉外）担当者は、顧客先での訴求力向上に直接的に寄与できる一方で、反対に信頼を失えば、自身のみならず所属金融機関全体の信用失墜を即座にもたらす存在でもあります。そうした事態を平たく言えば「担当者次第」となりますが、厳しく言えば「諸刃の剣」の性格を持っているのです。

これら営業（渉外）担当者の実際の姿に視点をずらせば、団塊世代の大量退職等もあり、近年数多くの金融機関で主力層の急激・大幅な若返りが図られています。地域・中小金融機関の一部には「営業（渉外）担当者の３分の１が"３年生"以下だ」という声や、「中堅層が手薄で、数多くの若手を育成し切れない」という悲鳴に近い本音を聴くこともあります。しかしながら、それらはすべて金融機関の内部における事情であり、顧客にしてみれば、単なる言いわけにしか聴こえません。

　近時の高度化・専門化する金融実務を背景に、業務に即した専門書は数多く刊行されていますが、原理原則に則った営業（渉外）活動の基本書はあまり見られないようです。こうした中で「営業（渉外）活動に行き詰まったり悩んだりした際に、直接的に参照できる内容の手引きがあれば」と考えたことが執筆動機となりました。営業（渉外）経験が相対的に浅い若年層の担当者はもちろん、部下指導に悩む役席者や、生産性を向上させたい（営業店長ほか）統括者の実務の一助となればとても嬉しく思います。

　なお、本書は、中核部分の「第Ⅰ章　営業（渉外）担当者の確認事項」を一般的な営業（渉外）活動の実施順に記載しております。このため、主たる読者である営業（渉外）担当者におかれましては、営業（渉外）活動の進捗過程に沿った実施事項の確認が可能となると考えます。全体の構成としても、序章から巻末部分までをひとつのストーリーにしておりますが、全体を通読いただかなくても、業務に迷ったり行き詰まったりした際に、該当項目だけを抽出・参照いただければ理解できる記述を目指しました。この際、目次のほか、巻末の索引をも合わせてご活用いただければ幸いです。

　この結果、一部の表現に重複が見られることをあらかじめお詫びしておきます。

　また、文中意見に亘る個所は筆者の個人的見解であり、所属する団体の意見でないことを申し添えさせていただきます。

2013年４月　佐々木　城夛

私たちは本書を推薦いたします

小野薩　東北地区信用金庫協会会長・青い森信用金庫会長

いつの時代でも渉外担当者は、目標達成と顧客の狭間の中で、どう実績を上げていくかが課題であるが、私の場合は、どんな些細なことでも顧客との約束は必ず守る、聞かれて知らなかったことは、後日報告するということに徹した結果、信頼を築くことができた。

その点本書は、意を同じくする考え方と、新人ばかりでなくベテランにも納得のいく組立になっており、特にストーリーに沿った役割の人物が登場して臨場感を盛り上げている、分かりやすい実務書である。

御室健一郎　東海地区信用金庫協会会長・浜松信用金庫理事長

金融業務のシステム化、高度化とともに、利便性や迅速性に対するお客様のニーズの高まりによりネットバンキング、モバイルバンキングなど、非対面取引が急速に拡大している。しかしこうしたニーズの多様化に柔軟に対応しつつも「フェイストゥフェイス」で親身な相談機能を発揮し、お客様の課題解決のお手伝いをしていくことが、信用金庫のアイデンティティであると確信する。本書は、その具体的な実践策を丁寧に解説してくれており、若手渉外からベテラン渉外、そして管理職に至るまで幅広く活用できる良書である。

山本泰正　四国地区信用金庫協会会長・愛媛信用金庫会長

渉外担当者の活動を煎じ詰めれば、「渉外活動を通じてお客様に卓越した満足を提供し、その結果、いかに成果（ご預金やご融資等の獲得）をあげるか」ということです。そのためには、顧客接点の質と量（面談回数）が問題となります。渉外担当者の真の能力（ability）は、質の面ではコモンセンスを磨き、専門性を高め、応対話法等の原理原則を学び（knowledge）、日々の創意工夫の積み重ねによる経験（experience）が必要であり、加えて、お客様のこと（顧客属性情報の把握）をよく知ることが大切です。そして量の面では、基本は面管理をベースとした正確な時間管理にもとづく顧客情報に立脚した地道かつ効率的な活動が求められます。

本書は渉外担当者の立ち位置を理解したうえで、課題・問題を絶妙な事例や正確な理論にもとづき、わかりやすく書かれた実践に役立つ必読の良書である。

目次

はじめに……………………………………………………………………1
私たちは本書を推薦いたします…………………………………………3

序　章　低成長経済下での競争激化と
　　　　営業（渉外）担当者の急激な若返り……………………6

第Ⅰ章　営業（渉外）担当者の確認事項………………………11
ＰＡＲＴ１　活動目的やその背景への理解を十分行う…………12
　1　営業（渉外）活動とは何か？……………………………………14
　2　自身の所属金融機関の概要を把握できているか？……………20
　3　自身の所属店舗の概要を把握できているか？…………………26

ＰＡＲＴ２　予約に先立った準備を漏れなく行う………………32
　4　顧客属性を十分に調べたか？……………………………………34
　5　これまでの顧客との取引経緯を調べたか？……………………40
　6　顧客（金融取引・その他）の潜在ニーズを予測したか？……46

ＰＡＲＴ３　事前予約を取る…………………………………………52
　7　これまでの顧客への訪問経緯を調べたか？……………………54
　8　先方都合を予測したか？…………………………………………58
　9　実権者に電話予約できたか？……………………………………65
　10　訪問にあたっての先方ニーズを聴取できたか？………………70

ＰＡＲＴ４　訪問に先立った準備をしっかり行う………………76
　11　先方への提供情報を準備できたか？……………………………78
　12　持参品に漏れはないか？…………………………………………86
　13　経路や緊急連絡用電話番号は控えたか？………………………92

PART 5　有効な面談機会とする··················100
- 14　備忘録・訪問カードへの面前記入について了解を求めたか？··102
- 15　先方発言を漏れなく記入できたか？··················109
- 16　"宿題"は貰えたか？··················118
- 17　次回訪問予約は取れたか？··················126

PART 6　帰店後の対応を速やかに実施する··················134
- 18　特に迅速な共有を要する事項を選別したか？··················136
- 19　特に迅速な共有を要する事項を口頭報告したか？··················144
- 20　一般共有事項を漏れなく作成・回覧したか？··················151

PART 7　活動の振返りを十分行う··················160
- 21　顧客側の発言等で不明な点はなかったか？··················162
- 22　失念事項はないか？··················170
- 23　不用意な約束はしていないか？··················177
- 24　今後の顧客対応に不安な事項はないか？··················185

第Ⅱ章　他者の視点の活用事項··················191
1　顧客は金融機関に「何」を求めているか？··················193

2　役席者は営業（渉外）担当者の「どこ」を見ているか？··················196

3　先輩達は「悩み」をどう克服したか？··················199

おわりに··················201

巻末索引··················202

 # 低成長経済下での競争激化と営業(渉外)担当者の急激な若返り

　経済の"血液"部分である金融機能を担う金融機関は、それゆえにマクロ経済・地域（ミクロ）経済双方の影響を否応なしに受けることとなります。

　近年のわが国経済は、どのような実態下にあったのでしょうか。一例として、2000年（平成12年）度以降の名目ＧＤＰに着目しても、「上昇時はすべて１％未満・下降時はほぼ１％超」という"足踏みしながら徐々に後退"の局面が続いていると思われます。

図表１　国内総生産（名目）

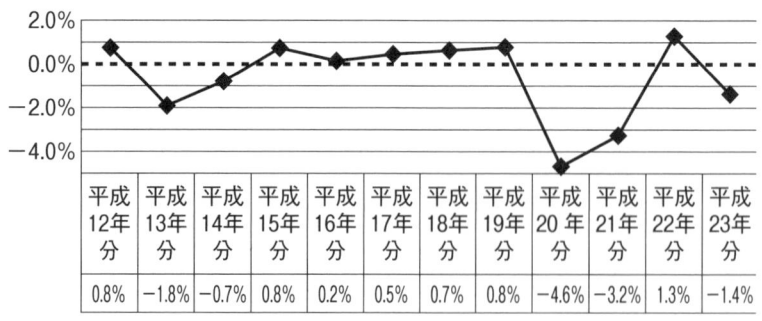

	平成12年分	平成13年分	平成14年分	平成15年分	平成16年分	平成17年分	平成18年分	平成19年分	平成20年分	平成21年分	平成22年分	平成23年分
	0.8%	-1.8%	-0.7%	0.8%	0.2%	0.5%	0.7%	0.8%	-4.6%	-3.2%	1.3%	-1.4%

出所：内閣府国民経済計算（平成23年度）

　また、個人消費のカギを握る給与所得者の平均給与についても、同じような傾向が見られます。2000年以降の実態に着目しても、対前年比の伸び率がプラスとなった年度はわずか２年にとどまり、長期的なマイナス傾向が続いています。

図表2　国税庁　民間給与実態統計調査

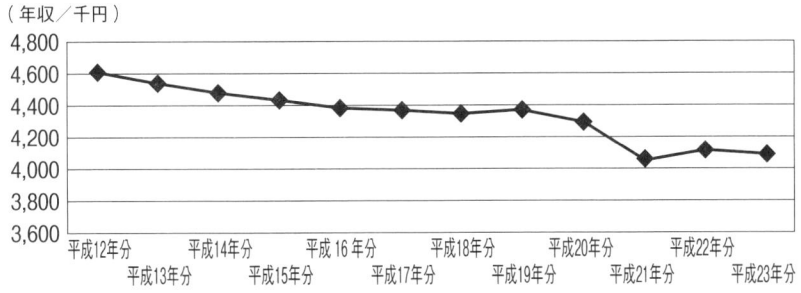

出所：国税庁「平成22・23年度分民間給与実態統計調査結果について」報道発表

　これらの影響を受ける形で、住宅ローンの貸出残高は、2001年度にピークをつけた後、減少傾向を辿っています。この一方で、全国銀行の住宅ローン残高は、引き続き増加傾向にあり、貸出全体に占める住宅ローンの割合も上昇傾向が続いています。

　これらの背景には、事業者向けの貸出が伸び悩む中で、金融機関が住宅ローンを積極的に推進してきたことが考えられます。

図表3　住宅ローンの残高推移

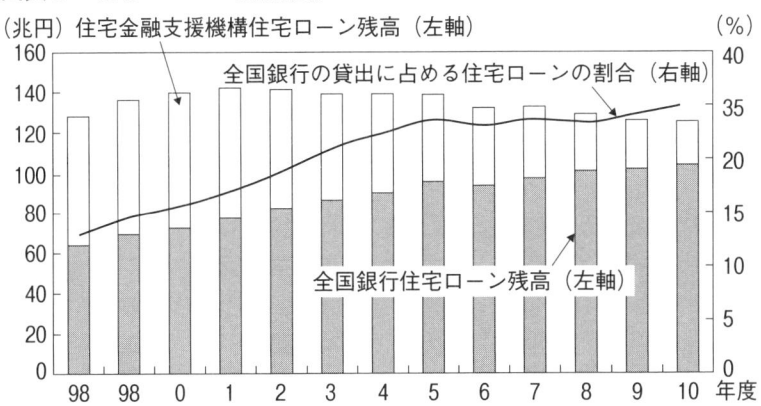

出所：日本銀行金融機構局「住宅ローンのリスク・収益管理の強化に向けて」2011年11月

　歴史を紐解けば、経済のパイ全体が小さくなっている中で事業者向けの貸出が伸び悩み、新たな収益源を求めて、住宅金融専門会社（住専）等に委ね

ていた住宅ローンを金融機関本体で取り扱うようになりました。その後、経済の縮小・デフレやサラリーマン世帯収入の伸び悩みなどの影響を受ける形で住宅ローンの市場も次第に縮小したものの、現在もなお金融機関同士が獲得を巡って鎬を削っている、数字上はそんな様子が窺えます。実際に、金利の低下局面が続く旨の報道も見られています。

> 住宅ローンの金利低下が続いている。長期金利の下落基調に加え、銀行間の貸し出し競争が激しくなっているためだ。ローン金利の低下は住宅販売の増加を後押しし、ローンの借り換えも容易になるメリットはあるが、ひとたび長期金利が上昇に転じれば、貸し倒れが増え、銀行の経営に悪影響を及ぼすリスクもはらんでいる。
>
> 欧州危機の深刻化などから、投資資金が安全資産とされる日本国債に逃避する動きが強まり、国債価格は上昇（長期金利は下落）基調だ。7日の長期金利の終値は0.875％と前日より0.010％高かったものの依然、低水準が続く。

出所：SankeiBiz 2012年6月8日

　この間、銀行・信用金庫・信用組合・農業協同組合等の業態を問わず、金融機関の再編も進みました。しかしながら、今なおわが国の金融環境は経済規模に比べ金融機関の数が多い"オーバー・バンキング"実態下にあると言われているようです。このため、生き残りを賭けた競争が熾烈に展開される局面も珍しくありません。
　他方、2007年（3月期）以降の銀行従業員数に着目すると、6年連続での増加が見られます。この一方で、平均年齢は2010年3月期の反転以前は一貫して低下傾向を示していたことから、この間にスタッフの急激な若返りが図られていたことが窺えます。

図表4　国内銀行の従業員数

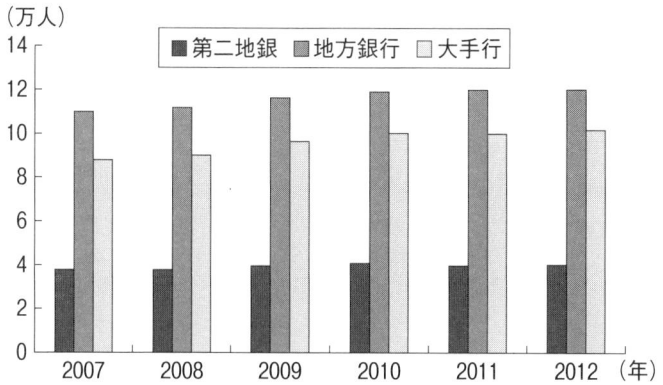

図表5　国内銀行の平均年齢

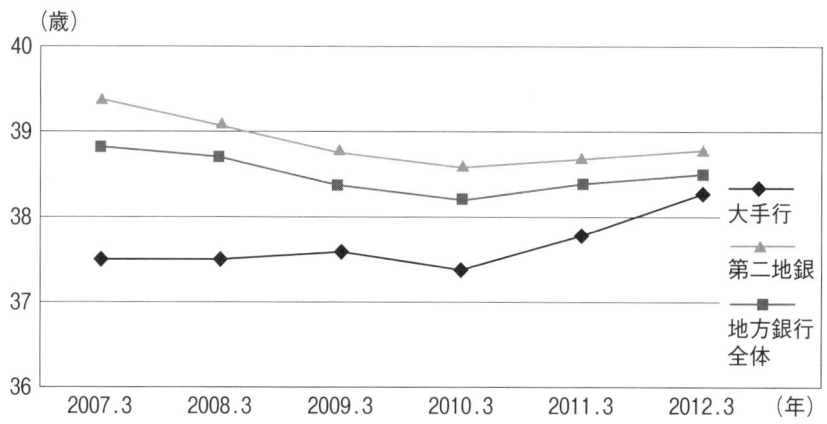

出所：東京商工リサーチ情報本部をもとに作成（図表4・5共通）

　これらの背景の下で、筆者自身「営業（渉外）担当者に占める5年生までの比率が半分に達する」「若手の指導役である中堅層が極端に少ない」等の声を聴くことが少なくありませんでした。
　基本事項を記した本書が、こうした事態への対応の一助になれば、とても嬉しく思います。

第Ⅰ章では、「日本中にどこにでもあるような中堅都市」にある地域・中小金融機関の「ヤルキ銀行　たねまき支店」を舞台としています。この支店において渉外活動に関する様々なストーリーが展開される中で、その問題点やポイントを解説しています。登場人物ほかの主な設定は、以下のとおりです。

　なお、支店の組織は、「営業（渉外）係」「融資窓口係」「テラー・内部事務係」に分かれています。

＜登場人物＞

●前江　進（まええ　すすむ）："3年生"である本書の主人公
「営業（渉外）係」に所属し日夜活動に勤しむ

●高尾支店長：たねまき支店を統括する最終責任者

●神田次長：高尾支店長を支える女性統括責任者補佐（豪快な性格のなかなかの傑物！）

●御茶ノ水課長：営業（渉外）係全体を統括する役席者

●四ツ谷先輩：役職への昇級・昇格を目指す"8年生"（ときどき怖い女性の先輩）

●中野君：意欲はあれど経験は浅い「アシスタント渉外」の"2年生"

　なお、これら登場人物や相手方はすべて架空の設定であり、実在の事業所・人物等と一切の関係がないことを念のため申し添えます。

第Ⅰ章

営業（渉外）担当者の確認事項

PART 1

活動目的やその背景への理解を十分行う

　「預金・融資」「店頭・顧客先」「本部・営業店」「役席者・事務担当者」などの切り口でも捉えられるとおり、金融機関の活動内容は、非常に多種・広範囲に及びます。また、近年の自由化の伸展などに伴って、取扱業務・提供サービスもさらに拡大・深化傾向にあります。

　担当する職務内容や勤務地こそ違えど、これらは各従事者が各々の職責を着実に全うすることで成し遂げられています。裏返せば、どこかの部分が一箇所でも抜け落ちてしまえば、預金者をはじめとする多くの顧客に安全・着実な商品・サービス提供が果たせないこととなります。

　金融機関の取扱商品・サービスは、事業者の経済活動や個々人の日常生活全般に広く深く結びついていますので、安全・着実な提供ができなければ、社会全般に甚大な悪影響を与えかねません。そうした事態を招かないようにするためには、各従事者全員が、担当する業務の重要性を認識しておかなければならないのです。

別の見方をすれば、金融機関の経営者や店舗統括者・管理者には、各従事者に各々の職責を着実に全うさせるための創意工夫が求められることとなります。具体的な促進あるいは管理手法は多岐に亘りますが、ひとつの着眼点に、従事者の（原始的な・そもそもの）理解や納得感が挙げられます。相手は、機械ではなく人間であるため、納得できなかったり不満を抱えたまま活動を担わせても、「ブレーキを掛けてしまう」「掛かってしまう」からです。

　この着眼点は、本書の主題となる渉外活動の担当者についても当てはまります。一例を挙げれば、指示された活動内容に納得できなければ、サボタージュする可能性もあるでしょう。また、基本事項への原始的な理解が十分でないことで、統括者・管理者が期待する内容に勘違いをして対応してしまう恐れもあります。

　逆説的には、こうした事態に陥らせないためには、①基本事項の修得、②受け手側の理解度・納得感の把握、を経た補完策の実施が求められます。

1　営業（渉外）活動とは何か？

（1）本書で取り上げる理由

　本書の冒頭（「はじめに」部分でも述べたとおり、本書で言う営業（渉外）活動は、いわゆる外訪活動を念頭に置くことにします。この活動の主目的は、顧客との主に直接（＝real）の接触を通じて金融機関の取扱商品・サービス内容を周知・提供し、同時に、よりよい取扱商品・サービス内容へと反映させるため、顧客の声や実態を正確に把握することです。なお、本書で述べる「サービス」には、直接的な金融商品のほか、顧客への情報提供や顧客からの相談対応などを包含することとします。

　金融商品の販売や事務取扱については、証券外務員資格等が必要な少数の例外を除けば、金融機関に属する行職員であれば、特段の資格なしに取り扱うことができます。平たく言えば、一定の専門知識なり実務経験なりを具備していなくとも、採用されればその日から顧客と向き合って預金や融資を取り扱うことが可能となります。直接の法定要件や規制のようなものはないのですが、社会的な影響が極めて大きいことからも、専門知識は欠かせません。

　インターネットや流通系金融機関を除けば、預・貯金金融機関の業態を問わず、営業（渉外）担当者の大部分は営業店に配置され、お互いの業務を補完し合うよう役席者等をリーダーとした複数名によるチーム体制が組織されています。やや余談になりますが、座席についても、事務室フロア内の顧客受付窓口（テラー・カウンタ）から離れた場所に、皆が意見交換しやすいように事務机を"島"状に集めた配置がなされる形が一般的です。営業（渉外）係は、営業店所属職員にとって"花形"と認識されており、職能資格制度上の総合職に該当する行職員をはじめとした多くの人的資源が割り当てられています。換言すれば、平均的な行職員の勤務ローテーションの太宗を占

め、人件費の形で多額の費用を投入し続けているのです。

　この一方で、渉外活動の目的や具体的な活動内容は、法令等で明確に定められているわけではなく、また、金融機関自身によって体系・明文化が行われていることも僅少なようです。このため、同じ金融機関に所属していても、人によって渉外活動自体への捉え方や理解が異なる事態もあるようです。もとより、金融機関の人材育成は実務を通じたＯＪＴが中心ですが、当該ＯＪＴにおいても「つべこべ言わずにとにかく顧客先を訪問せよ」「"数字"の達成こそが目標であり渉外活動はそのための手段だ」等の指示がなされていることも多い一面があります。裏返せば、「きちんと教えていない」「正確に教わっていない」という事態に陥っていることも少なくありません。

　多額の費用投入が図られている以上、それに沿った期待効果も当然に大きなものとなります。効果の最大化のためには、統括者・管理者・取扱担当者が漏れなく渉外活動の本質を理解しておくことが欠かせません。

（２）事例

　夏のボーナスシーズンを控えた中、たねまき支店営業係でも、所属スタッフに神田次長を加えた５名による戦略会議が開催されていました。主な目的は、情報共有と預貸金の目標達成促進であり、相応に活発な意見交換の場となっているようです。

①御茶ノ水課長	ⓐボーナス定期預金の純新規獲得先数・金額、ⓑカードローンの目標件数、ⓒ事業所顧客への財務分析サービスの目標件数、についての説明は以上ですが、何か質問や意見はありますか？
②進君	（挙手の上）よろしいでしょうか。
③御茶ノ水課長	はい。どうぞ。

④進君		担当地区を正式に持たせてもらってから、夏のボーナスに向き合うのは初めてなのですが、率直に言って、少々のじれったさ・まどろっこしさを覚えます。 　支店に与えられた預金獲得目標を早期達成するためには、純新規にこだわることなく、とにかく「取れるところ」から取るべきではないでしょうか。
⑤御茶ノ水課長		言ってることには頷く面もあるけれど、新規先の獲得は重要だよ。
⑥進君		獲得は文字どおり競争なので、ぼやぼやしていても他行に遅れを取るだけです。気付いたときには既に手遅れになりかねないですよ。 　それと、財務分析サービスですが、これも必要なのでしょうか？
⑦御茶ノ水課長		後者について聴きたいんだけど、どういうことかな？
⑧進君		事業所に売るべきはまずもって融資であり、それ以外のサービスは、融資獲得後で良いのではないでしょうか。
⑨御茶ノ水課長		そうは言っても、財務分析の提供件数についても本部から目標数字が令達されているんだよね。
⑩進君		最終的には、融資の件数・金額が支店表彰の点数に一番反映されるつくりになっていますよ。 　自分としては、営業（渉外）係に配属された以上、あくまでも営業活動を通して支店に貢献したいと考えています。なので、売るべき商品に集中させていただきたいのです。是非そうさせてください。

（３）事例から見る問題箇所

A④⑤⑥共通：預金獲得についての基本的（重要性）認識の欠如

　金融機関にとって預金は主要調達手段に該当しますが、顧客にとって預金は余剰金の預入・運用先に該当します。特に、定期預金についてはその性格が強くなります。

金融機関は、多種多様な商品・サービスを揃えています。率直に言えば、預金獲得はそうした中での最終目的ではなく、むしろ"入り口"に近い部分の商品と捉えられます。実際の手順でも、預金の獲得・預入を契機に、それ以外の商品・サービスの取引拡充を図る姿が一般的となります。

　他方、預金者をはじめとする数多くの顧客の付託に応えるためには、金融機関自身の安定経営が欠かせません。そのためには、預金・融資その他すべての取引で一定の先数を確保し、その数を定期的に増進させていく取扱いが求められます。黙っていれば人（法律用語で言うところの「自然人」）は寿命を迎え、事業者（同「法人」）も、競争環境の中で倒産を余儀なくされたり廃業を選択せざるを得ない先が出てくるからです。

　進君は、やや直情的に「純新規にこだわることなく、とにかく『取れるところ』から取るべき」と即物的な実績獲得を訴えていますが、本質的には間違いです。なぜなら、その場凌ぎの対応にとどまっているばかりでは、本質的な解決が遅れる恐れがあるからです。よって、あくまでも、将来の取引拡充を目論んで未取引先の開拓を図ることが大事です。

　また、これらについて指導や注意喚起の役割が求められる御茶ノ水課長も、進君の雰囲気に気圧（けお）され、十分な指導等を行えていません。

B⑥⑧共通：融資獲得についての基本的（重要性）認識の欠如

　金融機関営業店実務者に「今、最も欲しい実績は？」と質問すれば、「融資」という回答が最も多くなることでしょう。長引く不況を背景とした設備投資の抑制指向等を背景に「金余り」状況が続く中で、金融機関は総じて預貸率低下に悩み、その結果、業態入り乱れての融資先獲得競争が激しく展開されているからです。

　金融機関にとって融資は代表的な運用手段に該当しますが、顧客にとって融資は外部調達・信用補完手段に該当します。特に、事業を営む顧客はそうした認識を強く保有しています。このような顧客の観点に立てば「信頼できる金融機関に外部調達・信用補完を実施してもらいたい」という意識が、ごく自然に生じることも想像に難くありません。

　事例の進君は、定期預金同様に、融資についても直情的な獲得の意向を示

しており、返す刀で財務分析サービスを否定しています。財務分析サービスについてはそれを提供すること自体を最終目的としているわけではなく、そうした機会を通じて顧客の決算なり財務状態なりを話し合うことを目的としているはずですが、進君にはそれが理解できていません。

また、これらについて指導や注意喚起の役割が求められる御茶ノ水課長も、目標が課されていることを補足するのみで、必要十分な説明・解説を行っているとは言い難い実態となっています。

C⑩：「営業（渉外）」活動ついての基本的（重要性）認識の欠如

実態として、大部分の金融機関の営業店には、各種商品・サービスに関する件数・金額等の獲得目標が課されています。その目的は、「本来行うべき活動」を導くための推進材料に他なりません。言い換えれば、あくまで補完手段であり、最終目的ではないのです。

また、金融機関における営業（渉外）行為とは、突き詰めれば、顧客からの信頼あるいは満足度の獲得を契機として、接点の強化を図ることを意味します。つまるところ、直接的な商品・サービスの紹介・推奨は全体の機能の一部に過ぎないのです。

進君は、こうした原理原則とは異なり、直接的な目標達成・実績獲得に注力する意向を示しています。有り体に言って、いささか短絡的かつ視野狭窄な思考・行動と言わざるを得ません。

(4) 本来なすべき活動

様々な働き掛けを契機として顧客接点を強化し、金融機関や営業店に対する訴求力を高めることが営業（渉外）行為の実施目的ですが、そのための手法は無限に選択が可能です。営業（渉外）担当者が行っている業務は、本来、そのように極めて自由度・創造性の高いものなのです。よって、本部や上席者から指示される個別事項や施策についても、その背後にある目的・意図を鑑み、本質を理解した上で柔軟に行動することが求められます。平たく言えば「業績目標は達成したが、顧客には喜ばれなかった」「収益は獲得したが、顧客そのものは減った」というような事態を招いては、本末転倒なのです。

顧客に対する訴求力を高めるためには、顧客各々が持つ個別ニーズを把握

し、それに適時適切に応えることが近道となります。見方を変えれば、「顧客を知る」等の表現に代表される属性等の把握は、営業（渉外）行為の本来的あるいは直接的な目的でもあります。

　実際の金融機関の取引相手は数多く、業種等も多岐に亘ります。よって、これら顧客と向き合うためには、相応の知識・経験が必要となります。そうした知識・経験は一朝一夕に身に付くものではありませんが、だからと言って向き合うこと自体を放棄していては、永久に自分のものにはなりません。

　つまるところ、営業（渉外）担当者には、顧客目線で日々の創意工夫を積み重ね、少しずつノウハウ・スキルを溜めていくことが基本姿勢として求められることとなります。本質的には、それが顧客に喜んでもらう唯一の方法なのです。

2 自身の所属金融機関の概要を把握できているか？

(1) 本書で取り上げる理由

　金融機関は、それ自身が（多くの場合、規模も非常に大きな）事業体でもあります。単に顧客と預貯金や融資など金融取引を行っているだけではなく、他の企業や団体と同様に、従業員（＝行職員）を雇用して適切な労務管理を行うことや、期末時期に合わせて経理処理を行うことなどが幅広くなされてもいます。改めて言うまでもなく、これら数多くの業務についても金融取引と同様に適時適切に行われなければ、事業が継続できないこととなります。

　顧客先との取引の広域化・深化を図るためには、属性ほか顧客の実態を詳細に把握・分析し、それを活用することが求められます。すべての顧客は「常に変化し続ける」という根源的な性質を持つため、渉外活動担当者には、日常の渉外活動の中でこれらを可能な限り迅速・詳細に捉えることが問われることとなります。

　把握にあたっての具体的手段は多岐に亘りますが、中心は、実権者ほかキーマンとの面談です。営業のハウトゥ本やマニュアル本には、かねてより「営業マンは、商品を売り込むのではなく、自分自身を売り込むべき」の趣旨を含んだものが数多く見られますが、金融機関の営業マンつまり営業（渉外）担当者にも、この図式が当てはまります。具体的には、営業（渉外）担当者自身が顧客から認められること、すなわち個人として一定の信頼を得ることが契機となるのです。それによって金融商品・サービスの利用勧奨が図られ、同時に、先方からの情報収集も円滑かつ広範囲・詳細な実施が可能となります。逆説的には、営業実績の伸張にせよ収集情報の増強にせよ、その実現のためには顧客側に認められなくてはなりません。

　それでは、どうすれば顧客先の実権者等から認めてもらえるのでしょうか。

PART1　活動目的やその背景への理解を十分行う

筆者はその条件を、

> ①社会人としての一般的な常識・見識を備えた上で、それを思考・行動に反映させること
> ②顧客側の実態を理解し、時に顧客の視点（目線）で思考・行動ができること

の2つの実現と考えます。前者①が必要条件、後者②が十分条件に該当します。

　一方で、営業（渉外）担当者の中には、そうした条件に合致しない行動を示す方も少なくありません。例えば、数値目標や上席者・本部からの指示には相応に対応する、つまり目先の業務への局所的な行動は示すものの、自身が所属する金融機関について全般的な把握が不十分なケースです。中には、対外公開情報すら十分に把握しようとしない担当者も見られます。

　上席者・本部等からは、与信判断材料などにつながる顧客属性を把握する旨の指示が含まれていることも少なくないはずです。指示された照会内容が所属金融機関にも同様に存在する場合でも「自身の所属金融機関はどのような実態なのか」が気にならないようでは、「感(応)度」が低いと言わざるを得ません。この背景には、実態理解への（原始的な）必要性を認識できていないことが潜むものと考えます。

（2）事例

　ヤルキ銀行に入行後2年が過ぎて3年目に入り、営業（渉外）担当者となった進君も、晴れて正式な担当地域を持つことになりました。

　4月も終わりに近くなった今日は、かねてからの親密取引先である大久保スーパーに訪問することにしました。同社には、先日、引継ぎを兼ねて前任者の四ツ谷先輩と同行訪問しましたが、進君が単独で訪れるのは初めてのことです。

　店舗上階の同スーパー本部事務室に到着すると、ほどなく応接室に通され、大久保社長と面談することになりました。

①進君		御社の今春の新入社員は、何人でしたか？
②大久保社長		新卒の正社員が3人、パート社員が10人だよ。 　ウチは、同居家族の転勤などの理由で3月に退職を希望するパート社員が多いんで、4月1日に合わせて入社してもらっているんだよ。 　そういうヤルキ銀行には、今年は何人が入行したのかな？ 　パート行員はどのくらいの人数がいるの？
③進君		申しわけありませんが、細かいところまでは把握しておりません。 　入社式では、社長はどのようなことをお話しになったのですか？
④大久保社長		「こんな時代だからこそ、ネット通販に負けないだけの笑顔と気配りを」をテーマに挨拶させてもらったよ。社員の心にどこまで響いたかまでは、分からないところがあるけどね…。 　今年のヤルキ銀行の入行式では、経営トップはどんなことを話されたのかな？
⑤進君		申しわけありませんが、そこまでは把握しておりません。 　御社では、新入社員向けに集合研修はされているのですか？
⑥大久保社長		新卒の正社員に対しては、一週間の日程で実施したよ。難しいのは、勤務時間に制約があるパート社員なんだよね。 　ヤルキ銀行では、今年度の新卒者やパートの人に対して、各々どんな研修を実施されているのかな？

PART1　活動目的やその背景への理解を十分行う

⑦進君	申しわけありませんが、細かいところまでは把握しておりません。 ところで最近、東日本大震災もあって、緊急時の業務継続が話題になることがまま見られるようです。御社では、災害などに備えて何か実施されていることはありますか？
⑧大久保社長	たとえ災害が発生しても、ウチの使命である「お客様に対する新鮮な食料品の提供」をできる限り行うべく、緊急連絡網を整備して社員一人一人に配布しているよ。その上で、この連絡網を使った訓練を年2回の頻度で実施しているくらいかな。 ヤルキ銀行では、どんな考えでどんなことをやっているの？
⑨進君	申しわけありませんが、そこまでは把握しておりません。
⑩大久保社長	はぁ、そうなのかい…。

（3）事例から見る問題箇所

A ①③⑤⑦共通：照会時に理由が十分に述べられていない

　進くんは、大久保社長に大久保スーパーの活動実態を照会していますが、いずれの照会の際にも理由が述べられていません。それにも関わらず、大久保社長は嫌な素振りを見せることもなく誠実に回答しています。

　その理由はひとつではなく、多数の要素が包含されていると考えられます。大久保社長の人柄もあるでしょう。また一方で、事業者は「金融機関との（無用な）争いを起こしたくない」という意向を持っています。端的に言えば、いざというときの命綱である与信判断に反映されてしまうことを嫌気しているためです。

　営業（渉外）担当者を含むすべての金融機関人はこのことを常に留意した上で、事業者と接することが必要です。照会の際に理由を説明することなどは、当然のことと認識すべきなのです。

B③⑤⑦⑨共通：実態調査が不十分かつ事後対応に関する発言もない

　質問に先立った所属金融機関（ヤルキ銀行）の実態把握が不十分です。さらには、「（分からない・返答できないので）調査の上、報告させていただく」旨の発言も見られません。

　社長ほか実権者は、常に経営の参考となる情報を欲していると同時に、課題に向き合った際の相手方の反応にも注目しています。面談にあたっては、相応の準備をした上で相手方に臨むことを意識することも必要ですが、準備外の質問等を受けた場合には、次善の策として速やかな事後対応が求められます。また、そうしたことを相手側に伝えることは、儀礼上の意味でも必要と認識すべきでしょう。

（4）本来なすべき活動

　上記（1）欄でも述べたとおり、金融機関は自身が事業体でもあることから、結果として、取引先事業所と同じような業務を数多く実施している側面を備えています。金融機関の内部情報の取扱いには一定の注意が必要となりますが、外部への公開情報などにも、事業者にとっての経営上の参考情報が含まれていることも少なくありません。また、社会人に求められる一般的な常識・見識の水準としても、所属先が外部に公開している情報にひととおり目を通しておくことが必要とも考えられます。

　与信判断などにあたっては、単に表層的な数字等を追いかけるだけではなく、ある種の"値ごろ感"を持つことが重要となります。そうした感覚を持つ上でも、基準値のひとつとして所属金融機関の実態を理解しておき、対比の中で事業所実態を捉えることも相応に有効となります。

　この一方で、実際のところ、年次報告書（＝いわゆる"ディスクロージャー誌"）の記載内容を読み込むには、相応の能力（＝「知識×意欲」の図式で筆者は捉えています）が必要となります。全体としてかなりの分量があり、会計上の専門用語等も多く、数字の意味するところも理解していなければ読み込めないからです。それでも、渉外活動担当者として外部と接する以上は、最初は上席者・先輩等の力を借りながらでも時間を割いて内容を読み込み、内容を理解しておく必要があるでしょう。

PART1　活動目的やその背景への理解を十分行う

　本書の冒頭でも述べたとおり、渉外活動担当者が信頼を失う事態を招いてしまえば、それは所属金融機関全体の評価に直結しかねません。そうなれば、やがて顧客側の選別に耐えられなくなり、他の金融機関に取引を移されてしまう事態を招くことにもなります。これは、いわゆる事務手続き上の間違いだけにとどまらず、情報提供・収集時の姿勢等にも当てはまることに注意が必要です。平たく言えば、一方的に質問するばかりでは、長期安定的・友好的な関係構築は望めないということです。また、所属先の実態すら理解できていない担当者に指摘や助言を受けても、白けた感情を持たれかねません。

　そもそも、金融機関はときに「他人の褌（ふんどし）で相撲を取る」あるいは「晴れた日に傘を差し出すくせに、いざ雨が降ると引っ込める」と批判されるなど、社会一般から決して好かれるばかりの存在ではありません。この一方で、事業所の実権者は、若手の渉外活動担当者に対して（すら）も気を遣いながら接する姿がまま見られます。その背景には、資金繰りがつかなくなれば事業停止を余儀なくされるため、金融機関と良好な関係を築いておきたいという意向が含まれているのです。それゆえ驕（おご）った姿勢は厳に慎む必要がありますが、それは言葉遣いや態度のみならず、事前準備や、応対時に不備が発覚した場合の次善対応をも含まれると解すべきです。

　余談になりますが、筆者は顧客との面談時に情報提供依頼を受けた際などに、持ち帰ってから回答することなく、その場で即座に所管部門等に電話連絡し情報の有無等を尋ねたり依頼することもあります。

3 自身の所属店舗の概要を把握できているか？

(1) 本書で取り上げる理由

　大多数の金融機関では、顧客からのアクセス向上を図るため、支店を設置する形で店舗網を形成しています。この店舗網は、第二次世界大戦後のわが国全体の経済発展に後押しされる形で、業態を問わずに充実が図られた経緯があります。

　金融機関は数多くの顧客との取引を通じて初めて社会に貢献でき、また、経営も成り立ちます。実態としても、多くの事業者・個人顧客は金融機関の本店ではなく、支店を通じて取引を行っています。大多数の顧客にとっては「その金融機関＝最寄りの支店」と認識されているといえるでしょう。

　特に、地域・中小金融機関などでは、こうした傾向がより顕著なものとなります。事業所の実権者には、金融機関（全体）ではなく「（自分は）該当する支店と付き合っている」という意識を持つ方も少なくありません。この背景には、事業者・個人にとっての金融機関との実態上の付き合いは、その金融機関の経営トップとではなく、最寄りの支店の支店長や担当者を相手に行っているという事実があります。また、個別営業店や地域ブロックごとに"たねまき支店お客様会"等の名称で顧客の組織化を図っている事象も見られます。

　前項でも述べましたが、営業（渉外）担当者の中には、数値目標や上席者・本部からの指示には相応に対応するものの、それ以外の反応は鈍いケースが散見されます。

　そうした中では、目先の業務をこなすための局所的な行動は示すものの、自身の所属する店舗（支店）の概要については十分に理解しようとしない傾向も少なくありません。自身の所属する店舗（支店）のことを知るのは必須

事項であり、そのための時間も割くべきなのです。

（2）事例

　5月の連休明け、進君は担当地区内の親密先である荻窪建設を訪問することとしました。

　荻窪建設では、入口脇の応接セットで、社長の奥様で経理を担当している荻窪専務取締役に面談時間を頂戴しました。

①進君	こちらの建物は、いつごろ建てられたものなのでしょうか？
②荻窪専務	偶然だけど、そちらの支店が建ったのと同じ頃にできたものなのよ。もう何年になるかしら…？
③進君	申しわけありませんが、今までたねまき支店がいつ建設されたのかを気に留めていませんでした。 　昨年度の決算についてなのですが、貴社では、いつ頃に数値が固まる見込みでいらっしゃいますか？
④荻窪専務	顧問税理士の先生次第だけど、来月初旬くらいには分かるんじゃないかしら。 　たねまき支店では、どのくらいの数の建設会社と取引されているの？ 　うちと同じように3月を決算時期とされているよその建設会社の皆さんは、いつ決算書を完成されているのかしら？
⑤進君	申しわけありませんが、細かいところまでは把握しておりません。 　御社の賞与支給時には、ボーナス定期の勧誘にお伺いしてもよろしいでしょうか？
⑥荻窪専務	念のため社長にも聞いておくけど、やってもらってかまわないと思うわ。でも、このところかなり金利が

		低いようでがっかりだけど。 　そう言えば、前江さん（＝進君）の前の前の担当者の方は、ずいぶん熱心に定期預金を勧誘してたわね。お名前は何とおっしゃったかしら？
⑦進君		申しわけありませんが、すぐには分かりかねます。 　ところで、今月末に、当店主催のお客様会である「たねまき会」の開催を予定させていただいております。できれば御社にもご参加いただきたいのですが、ご都合はいかがでしょうか。
⑧荻窪専務		しばらく行っていないけど、前回は何社・何人くらいが参加されたのかしら？
⑨進君		申しわけありませんが、細かいところまでは把握しておりません。
⑩荻窪専務		ふうん。そうなの。

（3）事例から見る問題箇所

A ①③⑤⑦共通：照会の際に理由がない

　進君は、いずれも荻窪専務に荻窪建設のことを照会していますが、この際に理由が述べられていません。それにも関わらず、専務側は嫌な素振りを見せることもなく誠実に回答しています。

　その理由はひとつではなく、多数の要素が包含されていると考えられます。荻窪専務の人柄というものもあるでしょう。また、事業者は金融機関との（無用な）争いを起こしたくないという意向を持っています。有り体に言えば、いざというときの命綱である与信判断等に反映されてしまうことを嫌気しているためです。

　金融機関人は、このことを常に留意した上で、事業者と接することが求められます。つまるところ、顧客側のそうした姿勢にただ甘えるだけでなく、一定の配慮が必要となります。

B ③⑤⑦⑨共通：実態認識が不十分かつ事後対応に関する発言もない

進君からの発言で、質問に先立った所属店舗（たねまき支店）の実態把握・認識が不十分です。さらには、「（分からない・返答できないので）調査の上、報告させていただく」旨の発言も見られません。

公務員や医師などを除けば、大半の顧客は、自ら営業活動やそれに近い経験を保有しています。それゆえ、事前知識ほか準備が不十分の場合についても、自身の経験との照合つまりは"営業担当者の視点"で評価を行います。ゆえに、準備外の質問等を受けた場合には、次善の策として速やかな事後対応が求められます。このことは、金融機関人に限らず、すべての社会人に求められる常識的な姿勢です。

C⑦：（現行）金利についての補足説明が見られない

荻窪専務取締役の現行金利水準への不満に対し、進君からは何の補足説明もなされていません。勧誘機会を交渉する一方で、相手側のコメントに何ら反応がなければ、コメント内容が不満である以上、相手側の心証を向上させることは難しいと考えるべきです。

人の心証を害する要素は多数に及びますが、中でも、ⓐ余計なひとことを言う、ⓑ無視する、ことは代表的な２つと考えられます。「聴き流した」と捉えられないため、面談時には返事や相槌を着実に行う返答にも留意する必要があります。

（４）本来なすべき活動

企業活動や日常生活を通じ、顧客が対価を払って商品やサービスを購入・利用する理由は、必ずしも商品性つまりは機能・デザインや価格に基づくものだけではありません。言い換えれば「欲しい商品やサービスをあらかじめ認識した上で、その商品やサービスを提供しているメーカーやサプライヤーの中から予算に合わせて選択する」購買行動とは限らないということです。

例えば、「好きなメーカー・会社・商店があり、そこが取り扱う商品やサービスの中から購入する」「行きつけのショップの店員からの推奨を契機に購入する」等の消費行動も少なくありません。このようなブランド・イメージ、つまりはメーカーや商店に対する好き嫌いの部分も非常に大きな要素となります。

こうした消費者の嗜好は、金融機関についても全く同様に当てはまります。オーバー・バンキングの中で顧客の選別に耐えるためには、単に公平・公正な姿勢で臨むだけでなく、「顧客に好かれる存在」となるよう留意する必要もあるのです。

　その必要条件は、自身が扱う商品・サービス全般つまりは「所属金融機関が外部に示すすべての実態を知ること」です。自身の姿を知り、それを客観視できれば、顧客が抱くブランド・イメージについてもある程度連想が可能となります。そうした結果を踏まえた対策が、十分条件に該当します。

　顧客が金融機関に抱くブランド・イメージは、金融機関全体に対しだけではなく、「個別営業店」や「窓口（テラー）応対」等にも及びます。よって営業店勤務者については、所属する営業店の実態についても詳細を知る必要があります。

　金融機関の営業店は、町丁字を一定地域で区切って"所管営業区域（area）"とし、その区域内の顧客対応を一手に担う形が一般的です。また、人事異動（ローテーション）や退職によって営業店勤務者の入れ替わりが順次進むため、一定期間が経過した後には、同一の所在地・建物ではあっても所属者の顔ぶれが大きく変わる一面もあります。

　この一方で、営業店の取引顧客は、所属者ほどの頻度で住所や事業所所在地を移動させることはありません。そのため、営業店との取引期間の長い顧客との間に"営業店への理解"を巡ってのギャップが存在しがちとなります。裏返せば、そうしたギャップを埋めるべく、相応の実態理解を深めておく必要があります。

　その際のカギは、正・負（双方）の歴史と現状の取引状況となります。以下に、把握事項を例示します。

（順不同）
・開設時期と（移転・統廃合など）沿革
・設計業者・建設業者
・（"お客様会"など）顧客組織の沿革

- ・（年金旅行ほか）顧客との親睦機会の沿革
- ・主な事件・事故
- ・信用リスクの顕在化
- ・歴代営業店長
- ・近時の在籍者の異動先

　営業（渉外）担当者は、これらに対し理解を深め、顧客に対する感謝の気持ちをもって公平・公正に接する姿勢が求められます。

PART 2

予約に先立った準備を漏れなく行う

　金融機関は、預金や融資などを通じて非常に多くの顧客と取引を行っており、活動全般に公共性が求められるひとつの根拠になっています。特に、融資ほか与信取引に伴う信用リスクの担い手としての役割や、それを通じた信用創造機能は、経済の活性化にとっても不可欠です。

　一例として「与信先に対する適切な信用リスク管理」を題材に掘り下げてみても、実現のためには、顧客実態の速やかな把握が欠かせません。設立・創業後に相応の期間が経過した金融機関であれば、融資取引のある相手先だけでもその数は非常に多数に及ぶはずですが、本来はこれら各債務者の信用状態を常態的にモニタリングし、必要に応じて（与信管理関係の規程ほか）内部ルールに則った適切な信用補完策を講じる必要があります。

　逆説的には、何らかの瑕疵によって適切な管理がなされなければ、株主・出資者ほか利害関係人から相応の責任を追及されることになりかねず、実際に係争に発展したケースも見られます。

　視点を実務に移してみれば、店舗窓口（テラー）担当者と並んで"顧客

との主要接点"部分を担う営業（渉外）担当者には、数多くの顧客に漏れなく対応する姿勢が必須となります。誤解を恐れずに表現すれば、漏れのない対応のためには、訪問対象先を"消し込む"ような計画的な行動も相応に求められることとなります。

　計画的な訪問の実現のためには、訪問に先立った対象先への予約・事前調整が欠かせません。さらに、これら対象先から無事に面談予約を取り付けるためには、そのための準備も必要となります。

面談（上段）

予約（中段）

抽出・予約に先立った準備（土台）

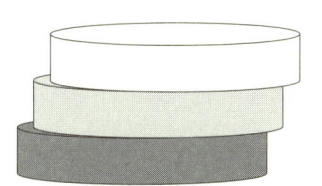

　こうした一方で、訪問に先立った予約・事前調整の必要性を認識しつつも、「予約に先立った準備」を抜かりなく実施している渉外活動担当者ばかりではありません。実務上も、こうした準備がＯＪＴ等の対象として認識・特定されていないケースも少なくないようです。

4 顧客属性を十分に調べたか？

（1）本書で取り上げる理由

　ここでは、事業者に対するアプローチを例に説明しますが、個人へのアプローチについても、本質的には同じ性格を持つと考えます。

　何らかの事業を営む事業者に対しては、その業態を問わず、訪問（面談）、郵便物（ダイレクト・メールやチラシなど）、電話、電子メールなどによるセールスが日常的に寄せられます。この一方で、事業者のうちの圧倒的多数を占める中小企業では、そもそもの（絶対的な）人手が限られてもいます。このため、このようなセールスへの対応自体にかなりの負担を感じていることが少なくありません。ですから、ほとんどのセールスに対して「うるさいのがまた来た」「忙しいのに相手しないといけないのは面倒くさい」と捉えています。中には、「セールスお断り」の文言が記されたステッカーを入口などに貼付している事業所も見られます。

　見方を変えれば、訪問に先立った電話予約は、営業活動の"入り口""第一歩"であると言えます。裏返せば、電話予約の段階で拒否されてしまったり、悪い印象を持たれてしまっては、その後の関係強化や取引深耕にも大きなマイナス要因となってしまうことに注意が必要です。

　相手に悪い印象を持たれない電話予約を行うためには、適切な準備をしておくことが肝要となることは言うまでもありません。

　金融機関営業店の実態に目を移すと、本件に関して特段の注意や留意のコメントが上席者から発せられないケースや、一般論としては認識しつつも、行動に移せていなかったり、管理が不十分なケースが少なくない頻度で見られます。

（2）事例

　進君の所属するヤルキ銀行たねまき支店営業（渉外）係では、毎週金曜日夕方に週次ミーティングを開催し、係員全員で翌週の活動予定について情報共有を行い、活動を補完し合うことにしていました。

　とある金曜日、午前中の渉外活動を終えて昼食のために帰店した進君は、上階の食堂で、同じ渉外係の四ツ谷先輩が昼食を取るところと遭遇し、テーブルに向い合せで座って食事することになりました。

①四ツ谷先輩	早いものでもう金曜日ね。
②進君	夕方には、毎週恒例の渉外係のミーティングがありますね。 　今日は、どんなことが話し合われるんでしょうかね？
③四ツ谷先輩	いつも決まって行われるのが、各担当者への、ⓐ来週の予定、ⓑ自分なりの方針、の照会よ。 　もう金曜日だからある程度の目途が立っていないといけないんだろうけど、進君はどんな予定を考えているのかしら？
④進君	まずは、担当地区内の顧客に私自身のことを認知してもらおうと思っています。言ってみれば「当たって砕けろ」の心境ですね。
⑤四ツ谷先輩	御茶ノ水課長からは、いつも「できるだけ事前予約をするように」って言われてるけど、それについてはどうかしら？
⑥進君	支店に備付けの電話帳を見て、該当地区に立地する事業者に対して電話してみようかと思ってます。
⑦四ツ谷先輩	名称だけだと、金融機関窓口の財務・経理部門があるかどうか分からないんじゃない？

⑧進君	電話した際に、直接尋ねれば良いんじゃないんですかね。
⑨四ツ谷先輩	事前予約の前の情報収集としては、どんなことを行ったの？
⑩進君	金融マンである以上は、まず何よりも自分が取り扱っている商品内容を十分理解しないといけないと思い、時間を見つけてキャンペーン商品に関係する規程・要領・通達に目を通すようにしています。 やっぱり、読み込むことで理解できることもありますね。

（3） 事例から見る問題箇所

A②：ミーティングの目的を十分理解できていない

　進君の発言は、ミーティングの実施目的が十分に理解できていないようにも受け取られかねません。

　言うまでもないことですが、会議やミーティングは、実施すること（それ）自体が目的ではなく、あくまでも他の主目的・目標を実現もしくは補完するための手段であるはずです。この一方で、多数の人員を同時に拘束する会議やミーティングは、それ自体に大変費用が掛かっている紛れもない事実もあります。

　金融機関人には、このことを十分認識した上で、文字どおり「生産的な会議やミーティングの実施」に各自が具体的に寄与することが求められます。構成員への実施目的の理解浸透はこの第一歩であり、必要条件のひとつに該当します。

B⑥⑧共通：電話予約に先立った準備らしい準備が見られない

　進君の発言からは、準備、もっと言えば予備調査等を行わずに電話予約を行う意向が見られます。

　特に、⑦の四ツ谷先輩からの注意喚起にも関わらず、窓口担当部分の有無なども調べずに電話予約を実施しようとする姿勢には、顧客側の視点を欠く

対応との感触を受けます。相手側の立場に立って考えてみれば、ろくに調べもせずに、いきなり担当外のところに電話予約を求めてきた相手に、好印象を持つはずはありません。

　改めて言うまでもなく、金融機関は事業者のみならず、個人との幅広い取引をも行っています。電話予約の際に最初に電話に出たような相手方についても、事業者としての窓口担当者ではなくとも、個人としての顧客になる可能性、もっと言えば既に取引のある（個人）顧客である可能性もあります。

　金融機関人には、こうしたことを常に認識した上で、相手のいかんを問わず、細心の注意をもって接することが求められます。そして、注意の中には、然るべき事前準備も含まれるものと解されます。特に、相手の顔の見えない電話連絡の場合には、より一層の注意が必要となります。

ⓒ⑩事前準備に関して商品知識以外の必要性認識が見られない

　進君の発言には、「予約前の準備＝商品知識の理解をもって完了」という認識が見られます。換言すれば、顧客に関する予備調査実施への必要性が認識されていないのです。

　既述のとおり、電話予約は、営業活動の"入り口""第一歩"に該当します。そうであれば、その段階で拒否されたり悪い印象を持たれたりしないよう、用意周到に先方の属性を調べること、平たく言えば先方に関する情報を収集しあらかじめ手掛かりとして摑んでおくことが有効と考えられます。あえて言えば、この属性の把握が必要条件であり、商品知識の理解は十分条件に当たるものでしょう。

　金融機関人には、この手順や優先順位をよく認識の上、日常において顧客についての調査・情報収集を厭わずに行う姿勢が求められます。

（4）本来なすべき活動

　最初に注意を述べますが、人には、仕事熱心になればなるほど自分自身を客観視することが難しくなり、時に視野自体が狭くなって思い込みが強くなる傾向がまま見られます。自分としては「より良い金融商品・サービスの提供を通じて地域社会・経済に貢献したい」と思っていても、顧客側はそう認識してくれるとは限りません。顧客には、顧客側の事情なり考え方なりがあ

るからです。

　ここで今一度読者の皆さんにもお考えいただきたいのですが、そもそも、訪問に先立った電話予約は、何のために行うものでしょうか。「"行ってはみたものの不在"（＝"空振り"）という事態を防ぐため」「要件をあらかじめ告げておくことで面談時の効率化を図るため」という視点も重要ですが、これらは、言わば金融機関側の視点です。顧客側の視点に立てば、「訪問・面談許可を与えるため」と捉えることもできるのです。

　そうしたことからも、いわゆる営業活動を含め、仕事をしていく中では、常に顧客側の視点を具備することが不可欠です。顧客に選んでいただかない限りは、取引そのものができず、そうなれば金融機関の根源的な機能である社会や経済への貢献も果たせなくなります。金融機関人は、このことを肝に銘じておく必要があります。

　顧客側の視点を持つためには、顧客側の実態をよく知ることが有効となります。それは、必ずしも「実際に会って・面談してから」とは限りません。端的に言えば、既に公開されている顧客関連情報を丹念に拾い上げることも有効な手段となります。

　例えば、事業者にはその事業者と同一の事業者は二つとして存在しないという根源的性質を持っています。逆説的には、その個性を摑むためにも、業種なり業界なりの標準値を知ることが有益になります。なぜなら、当該標準値との対比を通じてその事業者を捉えることが可能となるからです。現在のわが国では、公開情報をはじめとして、情報が洪水のように溢れていると言っても過言ではありません。こうした中では、報道機関からの情報はもとより、その事業所や関連団体自身が発信するインターネット情報等も電話予約に先立って参照すべきことは言うまでもありません。

　実際のところ、その業種なり業界なり、さらに言えば同業・周辺からの評判なり立地なりを把握してから電話予約を行えば、電話口での口上も自ずと変わってくるものと思料します。例えば、先方の面談に都合が悪いと思われる日時が、予測できるかもしれません。また一方で、修得した知識が電話口での口上を僅かでも饒舌にするかもしれません。

既述のとおり、金融機関を含め、セールス（※あえてこの言い方とします）目的の電話連絡等は、そもそも顧客に歓迎されるものではありません。そうした原始的な嫌気の中では、例えば漢字名称を読み違えるなど顧客名等を言い間違えることや、先方休日・営業時間外の訪問打診などが、致命的な排除要因にもなりかねません（筆者自身も、かつて信用金庫と信連を混同され、説明に大変苦慮した経験があります）。

　さらに、事例に則って補足しますと、過去に出席経験のある週次ミーティングの実施目的が進君に十分に伝わっていないことが大いに問題と言わざるを得ません。「会議をやるからとりあえず出席しなければ」の事態は論外ですが、金融機関営業店ではこのような会議・ミーティングがまま見られること、あるいは（本題からは脇道に逸れますが）販売・勧奨した商品・サービスの徹底にばかり注力する姿勢が少なくない一方で、電話予約前の準備の徹底があまり図られていないことも紛れもない事実です。こうした場合などには、会議の運営側（一般に"事務局"と呼ばれます）の手法に改善余地を残すものと見込まれます。

　厳しいようですが、進君に求められる姿勢としても、職業人（プロフェッショナル）である以上は、開催の趣旨が分からなければ主催者や先輩等に自ら主体的に照会しなければなりません。

　また、念のため繰り返しますが、ここでは、事業者に対するアプローチを例に説明しましたが、個人へのアプローチについても、本質的には同じ性格を持つと考えられます。

5 これまでの顧客との取引経緯を調べたか？

（1）本書で取り上げる理由

「失われた10年」の言葉に代表されるバブル崩壊以降のわが国の長期不況を背景とした企業倒産増加の中で、近年、本邦事業者数は長期の減少傾向を示しています。データ上でも、89年以降は廃業が開業を一貫して上回っており、経済の収縮を裏付けています。

事業所単位による開廃業率

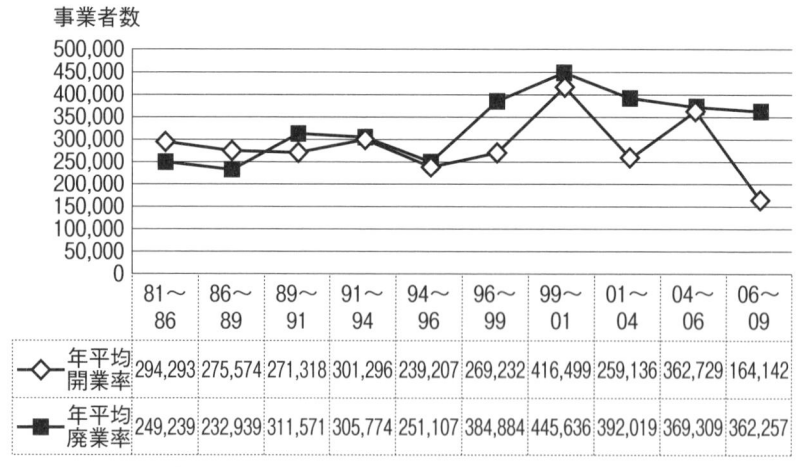

事業者数	81～86	86～89	89～91	91～94	94～96	96～99	99～01	01～04	04～06	06～09
年平均開業率	294,293	275,574	271,318	301,296	239,207	269,232	416,499	259,136	362,729	164,142
年平均廃業率	249,239	232,939	311,571	305,774	251,107	384,884	445,636	392,019	369,309	362,257

出所：総務省「事業所・企業統計調査」、「経済センサス－基礎調査」再編加工（中小企業資産）

そうした経済の成熟化は、金融機関にもより一層の経営努力を促す圧力となり、再編を含む様々なコスト圧縮策が実施されることとなりました。それは、規制時代には出店が当局からなかなか認可されず、設置に大変な労力を要した店舗にも及ぶこととなりました。この結果、実際に、数多くの金融機関で店舗統廃合が実施されました。

こうした一方で、現在に至るまで、主に間接金融機能を担う金融機関の役割は普遍的です。すなわち「預金の受入れおよび信用リスクの担い手として、経済活性化に寄与する」というものであり、それ自体は何ら変わっていないのです。

全体の事業者数が減る一方で、やっていること自体は本質的に変わらない、さらに言えば、渉外活動の実態である「店舗所在地を基準に近隣に立地する潜在顧客にアプローチする」ことも、現在に至るまでずっと継続されてきたわけです。そうしたことから、読者の皆さんが現在の店舗で新規開拓や取引深耕を図ろうと考えている（潜在）顧客についても、創業後間もない顧客でもなければ、所属金融機関のスタッフが過去に既にアプローチした可能性を否定できないはずです。

繰り返しになりますが、訪問に先立った電話予約は、営業活動の"入り口""第一歩"であると言えます。ですから、電話予約の段階で拒否されてしまったり、悪い印象を持たれてしまっては、その後の関係強化や取引深耕に大きなマイナス要因となってしまうのです。

そうした（負の）可能性を踏まえれば、電話予約に先立ってこれまでの取引経緯を調査することが不可欠となります。一方で、金融機関営業店では、本件にかかる注意喚起が必ずしも十分に行われているとは言い難い実態が見られます。

（2）事例

進君の所属するヤルキ銀行たねまき支店渉外係のスタッフには、各々に事務机・脇卓が割り当てられ、机上には外部発信が可能な電話機が置かれていました。各自に一脚・一台が貸与されている形態です。

ある日の午後、訪問に先立って顧客関係の基礎調査をするため、進君は外出せずに店内にとどまることとしました。割り当てられた机に向かい、資料ほかに向き合うことに時間を使うことしたのです。これに神田次長が気付き、声を掛けたところ、二人でしばらく話し込む様子が見えました。

①神田次長	明日は朝から丸一日、新規開拓に専念するのね？ 大いに期待しているわ。	
②進君	はい。ありがとうございます。 自分の担当地域のうち、二丁目一帯の事業者に対して直接のアプローチを図ることを考えています。	
③神田次長	「直接のアプローチ」って？	
④進君	自分はまだ若く経験もないので、事業所の人に会って「営業を頑張りたいです」「自分の力を試したいんです」「勉強しますので、是非いろいろと教えてください」って言おうと思っています。 今の段階では、このやり方で良いと思っているのですが…。	
⑤神田次長	事前の調査としては、どんなことをやってるのかしら？	
⑥進君	既に、信用調査機関による一定以上の点数の事業所名一覧表から、二丁目管内の法人名を選り抜いて、当店の融資残高の有無の照会を行いました。	
⑦神田次長	結果はどうだった？	
⑧進君	調べた限りでは、既に融資のあるところは全くありませんでした。 今現在は「既往先がないってことは、どこであろうと新規開拓できるってことだ！」と自分を奮い立たせているところです。	
⑨神田次長	現在の取引内容は調べたみたいだけど、例えば以前に融資取引していただいていたような事業者はいなかったのかしら？	
⑩進君	これまで取引があったのか、それともなかったのかに	

> ついて、今まで特に気に留めていなかったです。
> 　でも、完済されているような先ならば、また頼めば借りてもらえるんじゃないでしょうか？

（3）事例から見る問題箇所

🅐④：誰に会おうとしているのかが質問者に伝わらない

　進君からの説明だけでは、進君の言う「直接のアプローチ」が事業所の誰に会うことを想定しているのか分からず、神田次長も理解できません。

　本件事例に限らず、残念ながら金融機関の実務現場でも他者からの質問とは違う回答をしたり、不十分な回答をするケースが少なくありません。しかしながら、「仕事上の照会に対し、誰にでも無理なく理解できるよう回答すること」は、（金融機関勤務者のみならず）社会人としては当然に必要なことになります。そうでなければ、会話自体が成立しません。

🅑④：「自分の都合の押付け」が見られる

　進君の「営業を頑張りたいです」「自分の力を試したいんです」「勉強しますので、是非いろいろと教えてください」という言葉は、一聴すると前向き・積極的な姿勢が感じられるかもしれません。しかしながら、これらはいずれも"こちら側"つまりは進君の都合です。

　逆の立場、つまりは顧客側がこのような発言を聞かされたらどう感じるでしょうか。

> ・「営業を頑張りたいです」
> ⇒どうとでも好きにしてくれれば良いよ。だけど、うちから儲けようってことなら勘弁願いたいね。
> ・「自分の力を試したいんです」
> ⇒なぜ顧客先で宣誓するんだろう。うちは"力試しの場"ってことかな。そんなことより良い商品なりサービスなりを提供して欲しいもんだね。
> ・「勉強しますので、是非いろいろと教えてください」
> ⇒担当してくれるんなら、知らない人よりは良く知ってる人のほうが良

> いに決まってるんだけど、うちは初心者に担当させてもかまわないっ
> て判断されたのかな。それともタダで教えてもらおうってことなら、
> ずいぶんと虫の良い発想で、うちも舐められたものだね。

　これらは、決して斜に構えた感想ではありません。業況が好調な事業者それもキーマンであれば総じて忙しく、また"人を見る目"も持っています。金融機関担当者が事業者のキーマンと面談し、能力や人柄を見定めて定性要因に反映させるように、金融機関人も事業者のキーマン側から人物を見定められているのです。読者の中には「過去に本事例と同種の物言いをしたものの、相手方に嫌な顔をされなかった」と思う方がいらっしゃるかもしれませんが、それは、相手方の人柄が良いか、事業者の金融機関との（無用な）争いを起こしたくないという意向が働いたからだと思うべきでしょう。

　改めて言うまでもないことですが、おかしな物言いや自分の都合の押付けは、それなりのマイナス評価となることは言うまでもありません。

　なお、本事例の台詞は、筆者が担当交代時に新担当者を同行させる形で顧客先に挨拶に出向いた際の新担当者の発言をモデルとしています。当該新担当者は相応の勤務年数・経験を持っていただけに、大変驚き、急いで訂正したことを憶えています。たとえ発言者本人が謙遜のつもりで発しても、相手側にはそう伝わらないこともありますので、経験の浅い担当者だけでなく、ベテランの言動についても念のためご確認ください。

Ⓒ⑥：個人事業主に対する事前調査が漏れている

　進君の発言から「事業所名一覧表から（中略）法人名を選り抜いて」と事業所あるいは法人名称を持つ候補先だけを対象としていることが窺えます。これでは、個人でありながら事業を行っている先、いわゆる"法人成り"をしている先に対しての基礎調査が漏れてしまっています。

　一般的な金融機関では、これら"法人成り"をしている優良な先に対しても、預金の受入れや融資の実行を通じて金融サービスを提供しています。地域を区切って開拓行為を行う場合などでは、当然に候補先に加えるべきと思われます。

D ⑧⑩共通：過去の経緯に対する想像力の欠如が見られる

　進君の発言に見られる「既往先がないってことは、どこであろうと新規開拓できるってことだ！」「完済されているような先ならば、また頼めば借りてもらえるんじゃないでしょうか？」は、一聴すると前向き・積極的な姿勢が感じられます。しかしながら、これも"こちら側"つまりは「金融機関側にとって極めて都合が良く考えれば」の域を出ない予測に過ぎません。冷静に考えれば、都合の悪い事実があった可能性に対する想像力を欠くことに気付くはずです。

　融資を例に想像してみれば、借入金をトラブルなく完済したような事業者については、金融機関側の依頼を契機に資金調達を検討いただけるかもしれません。他方、それとは逆に（当時の）金融機関の対応その他に何らかの不満を持ち、他の金融機関に移る、つまり借り換えられた事業者に対して（その事実をよく調べることもなく）そのような申し出を行えば、怒りの火に油を注ぐことになりかねません。

　このため、最低限の行為として、候補先の完済・取引解消履歴を調査しておくことは欠かせません。

（4）**本来なすべき活動**

　事業者にとって資金決済は欠かせないため、事業を行っている以上は、どこかの金融機関との取引があると考えられます。この一方、実態として、金融機関側の対応姿勢や取引条件に満足できないこと等を理由に、顧客側が主要取引金融機関を変更する動きもまま見られます。顧客が主要取引金融機関の変更を考えたり実際に変更する頻度自体は、（絶対数として）それほど多いわけではありません。毎日の食事や3年または2年ごとの車検のような頻度ではないのです。

　このため、顧客側は過去の取引内容や経緯をよく記憶しています。新たな取引を開始するために様々なアプローチを図ることは避けられませんが、電話予約を含む実際の接触に先んじて、過去の取引経緯を可能な限り調査・把握することは絶対的に必要と考えます。都合の悪い事実を含め、重要な事象を「"こちら側"だけが知らない」ことになりかねないからです。

6 顧客（金融取引・その他）の潜在ニーズを予測したか？

(1) 本書で取り上げる理由

　前項に引き続いて事業者に対するアプローチを例に解説しますが、個人へのアプローチについても、本質的には同じ性格を持つと考えます。

　金融機関に限らず、事業者、それもキーマンに対しては、様々なところからの電話予約（アポイントメント）依頼が寄せられます。その中には、商品・サービスの紹介や斡旋、つまりはセールスも含まれます。こうした結果、キーマンはますます多忙になり、電話予約そのものにも慣れてしまっています。もっと言えば、あまりにオファーが多過ぎてうんざりしている可能性もあります。

　視点を金融業界に移しますと、今なおわが国全体では金融機関の数そのものが多い「"オーバー・バンキング"状態にある」と言われています。

　「起業＜廃業」の図式の中で事業者総数が減っている一方で、金融機関の数はなお多いわけですから、自ずと金融機関同士の競争が激しくなります。

　わが国の国民性は、投資よりも貯蓄の思考が強いと言われています。もともとそうした特徴を持つ中で、不況の長期化によって個々人の消費意識がさらに冷え込み、「消費よりも貯蓄」という思考・行動に拍車を掛けているとも考えられます。この結果、金融機関には預金が集まる一方で貸出は伸び悩む状況となり、各金融機関の預貸率も総じて低下傾向を示すこととなりました。有り体に言って、現在の金融機関は何とか優良先に資金を借りてもらいたいと四苦八苦しているのが実像です。

　金融機関が事業者向けの融資開拓を行う際には、信用調査情報ほかを基に候補先の抽出を行い、面談を通じて実態把握を図ります。この手順は業態を問わず同じように行われ、また、情報源となる信用調査機関も同種もしくは

同一の先です。同種・同一のデータを参照して同様に「優良先と取引したい」と考えるわけですから、結果として同じ事業者に数多くの金融機関から同様のアプローチが次々と寄せられることとなります。極端な言い方をすれば、一定の信用力を持つような優良事業者であれば、繰り返される金融機関からのセールスに飽き飽きしている可能性があるのです。

こうした中で電話予約を行おうと考えれば、相応の潜在ニーズを見込み、可能な限り時宜を得た口上が求められることとなります。

（2）事例

午前中の訪問予定をこなしたある日の午後、進君は、事務取扱要領や本部発信通達と"にらめっこ"をしながら、自分に割り当てられた渉外係の机で一人デスクワークを行っていました。

そこに、顧客先からの訪問を終えた同じ渉外係の四ツ谷先輩が戻ってきました。渉外係のうち、たまたま二人だけが戻っていたこともあって、しばらく二人で話し込む様子が見えました。

①四ツ谷先輩	おやおやご苦労さまっ！訪問に備えて、準備をしているのかな？	
②進君	はい、そうです。 やっぱり設備資金ニーズを摑まないと大きな数字には結びつかないんで、候補先を今一度抽出していました。 担当地区内に成長著しい人材派遣業者があるようなので、そこに提案してみようかな、と思っていたところです。	
③四ツ谷先輩	今日はもう外出予定はないの？	
④進君	夕方に、定例訪問先のあさがや書店へ行く予定にしています。 この夏のボーナス・キャンペーン実施にあたって、	

		当行のキャンペーンのポスターを店内のどこかに貼らせてもらいたいんで、それを打診してみようかな、と思っているのですが。
⑤四ツ谷先輩		明日はどこか行く予定かしら？
⑥進君		先ほど言った人材派遣業者の近くには、以前から訪問したいと思っていた中古車ディーラーのシンジュクオートがあるので、そこにも行ってみようかな、と思っています。
⑦四ツ谷先輩		シンジュクオートには、どんな形でアプローチすることを考えているの？
⑧進君		もちろん、預金や融資もお願いしてみますが、最近、本部からビジネス・マッチングのチラシが送られてきましたから、これも持参してみようかな、と思っていたところです。 きっと何か、販売したいものをお持ちじゃないかな、と思うのですが。
⑨四ツ谷先輩		いきなり行って説明するの？
⑩進君		正直言って、前もって電話連絡をすべきかどうか迷うところもありますね…。

（3）事例から見る問題箇所

A②：金融取引にかかる潜在ニーズの予測が不十分

進君は、人材派遣業者に対して設備資金を提案することを述べていますが、人材派遣業の事業内容を勘案する限り、一般論としてはそれほどの設備投資が必要な業種とは見込めません。

設備投資ニーズを摑みたければ、比較的高額な生産もしくは販売設備を必要とする業種をより優先して選択・抽出する視点が必要となります。他方、返済能力等を十分に検証することは言うまでもありません。

B④：（当方依頼に対する）先方の応諾度合いの予測が不十分

進君は、定例訪問先のあさがや書店に対して、所属金融機関のボーナス・

キャンペーンのポスターを店内に貼らせてもらうことを打診する旨を述べています。

　書店にとって、店内の壁面は大変貴重な宣伝場所であり、この申し出を簡単に了解してもらえると考えるのはあまりに早計と言えます。実際に書店を訪れてみれば、その様子が分かると思います。場合によっては、非常識と捉えられて関係が悪化することすらあると注意すべきでしょう。

🅒⑧：（金融以外の）その他取引にかかる潜在ニーズの予測が不十分

　進君は、中古車ディーラーであるシンジュクオートに対してビジネス・マッチング・サービスを提案することを述べています。

　近年数多く見られる金融機関が仲介する形でのビジネス・マッチングの実態は、販売希望側の業者を募った上で一箇所に集めてブース等を設置し、そこに購入希望業者側が訪れて商談を行う形態が大宗を占めるようです。つまるところ、それまで接触機会を持たなかった業者同士の仲立ちを行っているものであり、それゆえに購入側としては一定の数量かつ長期安定的な取引を希望する傾向が強くなります。

　本事例での進君は、中古車ディーラーにビジネス・マッチングの販売希望者側としての潜在ニーズを期待したようですが、一般論としてはそのニーズはほとんど見込めません。中古車ディーラーの販売先は、個別企業・個人に加えて既に業者間市場取引（業界内では"業販"と呼ばれているようです）が整備済みであり、業者によっては販売比率の大半を占めるほどだからです。

　言い換えれば、言われなくとももう間に合っているということです。また、仕入れつまりは車両の買取りにあたっても、個別企業・個人に加えて業者間市場取引による調達も行われており、購入希望者側としての潜在ニーズも多くは見込めません。

🅓⑩：事前予約に対する重要性認識が不十分

　訪問に先立った事前予約について逡巡している旨が述べられています。詳細は次項で詳しく述べますが、面談に先立って先方に事前調整の電話予約等を行うことは当然に必要であり、逡巡すべき理由はないと考えます。

（4）本来なすべき活動

　率直な表現とはいえますが、先方キーマンとの電話予約や面談の際に、「何かお役に立つことはございませんでしょうか？」と尋ねるようでは、先方の"足切り"に引っ掛かってしまうことになりかねません。こうした事態を避けるためには、業種別貸出審査事典や業界情報など一般情報を漏れなく参照し、顧客の潜在ニーズを想定することが肝要となります。金融機関が提供する金融サービスは、顧客に纏わるあらゆる活動の裏側を支えるものと考えられるからです。

　（3）で示した事例の問題箇所のうち、注目すべき二箇所について、補足解説します。まず、「**A**②：金融取引にかかる潜在ニーズの予測が不十分」についてです。進君の発言には、この人材派遣業者が成長著しい旨が述べられていますが、そうであれば、データ登録用のコンピュータほか初期の設備投資は既に終了していることが考えられます。また、労働者派遣法改正後に多数の資本が一斉に参入した人材派遣業界で成長が著しいということは、事業拡大にあたって何らかの無理をしている可能性もあります。

　融資ほか与信取引を行う場合に適切な信用リスク管理を行うことは言うまでもありませんが、調査不十分の段階での不用意な提案は、後々の大きな係争に発展するリスクを内包しており、絶対に避けなければなりません。言い換えれば、潜在ニーズの予測は推進面だけでなく、リスク管理面でも当然に実施する必要があります。

　次に、「**B**④：（当方依頼に対する）先方の応諾度合いの予測が不十分」についてです。進君の発言には、書店の店内に金融機関のキャンペーン・ポスターを貼らせてもらうことへの期待が含まれている一方、申し出の受け手である「書店側がどう感じるか」の視点が欠落しています。

　書店を含む商店には、日常より多数のポスター・パンフレット等の貼付依頼が寄せられます。地方公共団体ほか公的機関からは火災予防・交通安全・引ったくり注意などが、また、商店街のお祭りや学校の吹奏楽コンサートなどの依頼までもが寄せられます。

　一方、書店としては新刊や話題の単行本・雑誌・地図等を来店顧客にア

ピールしたいと考えます。ところが食料品の販売店等とは異なり、取り扱う商品の性格上、書店は、顧客側に声を掛けながら提案するようなことは難しいのです。そこで、顧客に興味を持ってもらえるように、例えば「今どんな単行本や雑誌が売れているのか」に気付いてもらい、「これも読みたいな」と思ってもらえるよう書店の壁面や棚の間などには、所狭しと様々なパンフレットやポスターが貼られています。

　書店にしてみれば、「金融機関のキャンペーン・ポスターを貼る場所などあるはずがないだろう」「そんな場所があれば、他のポスターやパンフレットを貼ってアピールしたいに決まっている」と考えるほうがごく自然といえます。さらに言えば、既に与信取引などを行っている先に対してこうした申し出を不用意に行えば、融資元の強い立場を利用して借り手に無理な依頼を行ったとも取られかねません。

PART 3

事前予約を取る

　特に地方部に立地する地域・中小金融機関などでは、渉外活動の実施にあたり、上席者から「とにかく足を使って顧客先に訪問すること」を精神論的に指示される傾向がまま見られます。一方で、事前予約を取らずに顧客先に訪問したため、意中の人物が不在で"空振り"という結果となっても、「事前予約を取らなかったこと」に対しての十分な結果検証や指導がなされているとは言い難い事態も見受けられます。

　この結果、一日の訪問予定に占める（事前）予約先が一先もないケースや、集金行為を目的とする訪問を高い頻度で繰り返す一方で、集金先を含む訪問先のキーマンとは長期に亘って面談しないケースも少なくありません。

　率直に言って、現在のわが国の社会・経済実態においては、「ガッツを見せれば良い」あるいは「とにかく顧客に鍛えてもらう」ような時代ではありません。長期に亘る景気低迷の中で、顧客側の余裕や余力がなくなっているためです。

　この一方で、今なお「"オーバー・バンキング"状態にある」と言われ

るわが国の金融機関を取り巻く環境は、金融機関自身に生き残りを賭けて自己変革を迫る時代でもあります。そのカギは、言うまでもなく顧客の視点を持ち、この視点であらゆる業務を速やかに見直していくことにあります。

　顧客の選別に耐え得るより良いサービス提供のためには、金融機関自身も当然に経営努力を払う必要があり、その中には費用面の圧縮も当然に含まれます。

　金融機関の経常的な費用は「人件費」「コンピュータ・システム費」「その他」にほぼ3等分されます。換言すれば人件費は金融機関の全体経費の約3分の1を占める高額な費目であり、空振りは何よりの無駄遣いなのです。よって、そうした意味からも、絶対に避けなければなりません。

7 これまでの顧客への訪問経緯を調べたか？

（1）本書で取り上げる理由

　通常、金融機関には、内部（行職員）の不正行為に対する牽制や人的資源の固定化防止を目的とした、同一部店への所属上限（最長）期間を定めた基準が設定されています。詳細は個別金融機関により異なりますが、一般に"ローテーション基準"等の名称が付けられ、「営業店4年・本部6年」等の期間が設定されていることが多いようです。

　実務上は、人事部門が所属行職員の在籍期間と当該基準を照合しつつ、人事異動を行っています。対象は全本部・営業店に及ぶため、一定期間が経過すると理屈の上ではどこの部門も異動対象者が皆入れ替わり、構成員の顔ぶれが変わることになります。この結果、複線型の人事制度を導入している金融機関では、"出戻り"はあっても、いわゆる総合職行職員の"当店の生き字引"的存在はいないということになります。

　一方で、金融機関営業店の事務取扱実態には、「既存先への対応は記録を残すものの、（純）新規先の開拓については記録を残さない」という傾向がまま見られます。近時、時限立法として施行されていた金融円滑化法への対応等によってかなりの改善が見られるようになりましたが、当該対応もどちらかと言えば顧客側からの申し出への（謝絶を含む）対応を念頭に置いた記録が中心となっています。つまり、金融機関側の意向に基づく新規開拓記録は、今なおあまり整備されていないとも言えます。このため、「従前にどのような顧客応対を実施したのか」を遡ろうとしても、記録が不十分なことが少なくないのです。

　視点を顧客に移してみれば、事業者のうち圧倒的多数を占める中小・零細企業では、代表者や財務・経理担当者に頻繁な交代はあまり見られません。

これは、中小企業のうちの大半をいわゆる同族企業が占める一方で、事業の浮沈に直結する資金繰りの詳細部分を親族外の人間に公開したがらない性向とも相関しています。実態上、財務・経理は親族内で限定管理していることが多いのです。

このため、同じ金融機関が以前に行った（以前の担当者等による）アプローチについても、同じ代表者や財務・経理担当者が対応している可能性が高くなります。こうした場合、事業者側は、正確な日時こそ記憶していなくとも、以前に受けたおおよその接触内容を記憶しています。そうした中には、双方のうちいずれかが納得できない形で接触を終えたようなケースが含まれることも想像に難くありません。そうした経緯を踏まえた対応を図らなければ、さらに相手方を立腹させ、態度を硬化させることにもなりかねません。

（2）事例

進君の所属するヤルキ銀行たねまき支店渉外係では、毎週金曜日夕方から週次ミーティングを開催することとしていました。会議の主な議題は、目標と実績の乖離要因や翌週の予定などです。

とある金曜日の朝、開錠後の金庫室から渉外係用鞄を出して外出準備を始めようとした進君を御茶ノ水課長が呼び止め、別室で簡単な打合せを行うことになりました。

①御茶ノ水課長	渉外活動にはもう慣れた？ 知ってのとおり、今日は夕方から進捗確認のミーティングがあるけど、現状はどんな感じかな？
②進君	詳しくは夕方に述べさせていただきますが、思うように数字が伸びていません。なので、そうしたことやその他について、悩みもありますね。

③御茶ノ水課長	伸びない理由については、どう分析してる？
④進君	当行の本当の姿、つまりは商品やサービスがまだまだお客様の側に伝わっていないからじゃないかなぁ…って思っています。
⑤御茶ノ水課長	その仮説に対して、どう解決していくつもりかな？
⑥進君	まずは、未取引先に訪問して顔を見せることで、当支店と私を分かってもらおうと思っています。 こうした先では、当支店の行員そのものに、まだ触れられていらっしゃらないでしょうから。
⑦御茶ノ水課長	僕自身は、今回の人事異動でたねまき支店に来たんだけど、進君が担当する前に同じ地域を受け持っていた担当者は、誰になるのかな？
⑧進君	私自身は、四ツ谷先輩から引継ぎを受けました。四ツ谷先輩が１年間担当されたように聞いています。
⑨御茶ノ水課長	四ツ谷さんの前は誰になるのかな？
⑩進君	申しわけありませんが、それについては特に意識していませんでした。ですので、分かりかねます。

（３）事例から見る問題箇所

A④⑥共通：未取引先に対する想像力が乏しい

　進君からの発言から「商品・サービス等への認知度が低いことが取引開拓が進まない主要因」という認識が窺えます。

　この着眼点は非常に重要であり、大きな理由のひとつではあるものの、すべてではありません。顧客が取引金融機関を選定する理由は多岐に亘り、必ずしも提供商品やサービスに対する理解が不十分であるからとは限りません。むしろ、無数の理由が組み合わさっているほうが普通と捉えるべきでしょう。

　また、過去に同じ（ヤルキ銀行の）行員に触れていない仮説を立てていますが、それについても明確な根拠に乏しいと言わざるを得ません。

B⑥：自身の都合の押付けが見られる

進君からの発言から、未取引先への訪問・顔見せによる認知度向上を意図していることが窺えます。

しかしながら、それはあくまで「"こちら側"の都合」であり、一方的な要求ばかりでは長期安定的な関係構築が望めないことへの認識が不十分です。

なお、発言からは、事前予約（アポイントメント）なしで訪問するニュアンスが窺えますが、それに対しての行動修正も必要となります。

C⑩：担当地域に対する理解が不十分

進君は、一昨年以前の担当者を知らないようです。当時の担当者が新規先の開拓をしなかったという根拠はないため、場合によっては足取りを追っておく必要もあると考えられますが、その認識が見られません。

（4）本来なすべき活動

未取引先潜在顧客を含め、顧客に対する調査は、実施して"し過ぎる"ということはありません。顧客のことを深く知ることが、結局は金融・その他のサービス提供の的確性に直結するためです。

顧客と所属金融機関のこれまでの応対経緯についても、「重要事項については知っていて当然であり、知らないでは済まされない」と考えるべきです。「信用調査機関の情報等を基に新規開拓を図る」という姿は金融機関人としてごく一般的であり、進君がアプローチを図ろうと考えた潜在候補事業者に先んじてアプローチしている可能性も高いのです。もっと言えば、既に断られている可能性も十二分にあると考えるべきでしょう。

よって、近年の記録を含めた情報を必要十分に参照し、どうしても分からなければ状況によっては当時の担当者から話を聞くなどの補完策を講じてでも、往時のやり取りを理解しておくべきでしょう。その上で、可能な限り事前予約を行うべきです。「知らない」もしくは「分からない」状態は、こちらの落ち度と考えるべきです。

なお、予約のための電話連絡時を含め、顧客応対時に自身の知らない過去の経緯について話題が及んだ際には、正直にその旨を伝えるべきです。軽率に相槌を打ったり、前任者の悪口を言うことは厳に慎むべきであり、そうした行動をもって信頼を欠きかねないと認識すべきです。

8 先方都合を予測したか？

（1）本書で取り上げる理由

　大多数の金融機関では、渉外担当者をいわゆる"町丁字"に沿った地域で分割し、その地域を担当させる形で顧客と担当者の行動を管理しています。割り当てられた担当地域に毎日のように訪問するわけですから、「あそこに行く用事があるんで、ついでにすぐ近所のあの会社にも足を伸ばしてみよう」と考え・行動させることを目論んでいるわけです。

　他方、担当地域に慣れ親しんで事情をよく知るようになると、いつしか事前予約を軽視する動きもまま見られるようになります。顧客の中には、予約なしでも面談できる先が含まれていることも事実でしょう。実際に、筆者自身もそうした渉外担当者からの声をこれまで数多く聞いています。

　しかしながら、これらは皆、金融機関側の理屈の押付けであることを認識すべきです。「いつでも会える」「いつ行ってもいる」というキーマンは、金融機関の行職員と面談するだけのためにずっと待っているわけでも、暇を持て余しているわけでもありません。常に何らかの仕事に追われ、多忙さの中にいるのです。

　事業者ほか商品・サービスの提供側は、常に顧客の目線で思考・行動しなければなりませんが、金融機関も例外ではないのです。「まず先方に行って、いなければそこで予約すれば良い」という姿勢は、顧客都合を全く考慮していないものであり、最終的には「傲慢」あるいは「身勝手」と受け取られかねません。その結果、顧客の選別に漏れる可能性があると考えるべきです。

　実務上の留意事項としては、予約のための電話連絡時を含め、すべての顧客応対時に先方都合を考慮する必要があります。あらゆる事業者・個人は各々固有な金融ニーズを保有していますが、同時に、現代人は総じて多忙で

もあるからです。仕事上・生活上の繁閑を把握することはもちろん大切ですが、聴取等に先んじて先方の事情を予測し、あらかじめ配慮する姿勢も必要と考えるべきでしょう。

（2）事例

　進君の所属するヤルキ銀行たねまき支店渉外係の所属スタッフは、原則として午前中の外出後、昼どきもしくは午後の早い時間に一時帰店することになっていました。昼食を摂りつつ、休憩を取るためです。

　ある日の正午頃、店舗に戻って留守中に入った電話連絡に返信した進君は、お弁当を持って食堂に入室しました。食堂では、食事を終えて長椅子でテレビを見ていた四ツ谷先輩が一人いましたが、進君を見つけるとお茶を持ってテーブルに近寄ってきました。

　その後、進君はお弁当を食べながら四ツ谷先輩と話し込むこととなりました。四ツ谷先輩は、現在進君が担当する地域を進君の前に1年間担当していたため、地域事情に精通しており、話も相応に熱を帯びたものとなっていたようです。

①四ツ谷先輩	明日の予定はどうなっているの？
②進君	午前中は、三丁目を中心に回ろうと思っているところです。 　予約しないと"空振り"になる恐れがあるので、今から三丁目の商店街でいつも賑わっている日本料理店の「にしおぎ亭」に電話しようかと考えていたところです。是非取引をお願いしたい未取引先ですが、お忙しくて、キーマンになかなか会えないんですよ。 　ですけど、今ならちょうどランチをやってる時間帯なので、キーマンとなるオーナーの"大将"も店舗にいらっしゃって話ができるんじゃないかな、と思いま

	す。明日の朝10時くらいを希望しているんですが、うまく都合がつけば良いのですけどね…。 　「にしおぎ亭」は商店街のちょうど真ん中くらいに立地していますので、商店街のどこに行くにもアクセスが良いですから、その前後に新規開拓を行えれば良いかなぁ…って思っています。
③四ツ谷先輩	あとは、どんなところに行くつもり？ 　まさか「どこでも良いから開拓したい」ってことじゃあないのよね？
④進君	もちろん、情報を参照した上で訪問するつもりです。 　例えば、売上げこそそれほど大きくないものの、「置いている野菜が新鮮」と評判で財務内容も良い「吉祥寺スーパー」にもお邪魔したいなぁって思っているのですが。
⑤四ツ谷先輩	「吉祥寺スーパー」は何時の開店だったかしら？
⑥進君	実態としては個人商店に近いようなので、10時半ですね。 　でも、開店まで事務所に来ないってことはないでしょうから、できれば「にしおぎ亭」に行く前の、9時半くらいにお邪魔できれば良いんですが…
⑦四ツ谷先輩	あの社長はいつ行ってもいるから、特に予約を取らなくても大丈夫よ。
⑧進君	えっ？　本当ですか？
⑨四ツ谷先輩	本当よ。アポイントメントなんて取ったら、かえってよそよそしく思われるかも。私が担当していたときも、そうしてたわ。 　でも、話までは聞いてくれるんだけど、なかなか取引まではしてはくれなかったけどね…。
⑩進君	そうですか、それじゃあ9時半頃に思い切ってお邪魔してみることにしますよ。

（3）事例から見る問題箇所
A②：未取引先（日本料理店）の繁忙状況に対する想像力が乏しい

　進君の発言には、未取引先日本料理店のキーマンに対し、正午過ぎに電話予約を行う意図が窺えます。

　事例の日本料理店は賑わっているという設定であり、キーマン（＝オーナーである"大将"）は非常に多忙なことが窺えます。そうした先に対し、調理・接客で「猫の手も借りたくなる」状態にも追い込まれかねないランチタイムに電話予約を行えば、先方にさらに負担を掛けることとなります。よって、未取引先に対するアプローチとして、この時間に電話連絡を行っても奏功したり関係が深められるとは思えません。実権者が事業所に在席しているのは、直接には（いつ来るか分からない）金融機関を待つためではなく、より喫緊性の高い仕事に向き合うためです。昼どきに日本料理店の実権者が在席しているのは、書き入れどきに販売つまりは昼食向けの売上げに尽力したいからなのです。

　以上のことから、とても金融機関の相手をしている余裕はないとも思われ、その時間に電話しただけで「非常識」と取られかねません。よって、絶対に避けるべきこととなります。

B②⑦⑨⑩共通：未取引先（スーパーマーケット）の繁忙状況に対する想像力が乏しい

　進君は、未取引先スーパーマーケットに対し、開店の１時間前（⇒事例では10時半の開店時間の１時間前の９時半と読み取れます）に訪問する意図があるようです。これに対する四ツ谷先輩からの発言は、「社長が店舗（もしくは店舗兼事務所等）に在席していることが多く、気さくに訪問を行うほうがむしろベター」と電話予約を辞退させる意図が窺えます。この結果、進君がそれに従う意向が示されています。

　事例のスーパーマーケットは個人商店に近く、生鮮食料品も取り扱っている設定であり、こちらのキーマン（＝社長）もただでさえ多忙なことが見込まれます。そうした先に対し、搬入・陳列ほかで「猫の手も借りたくなる」状態にも追い込まれる開店前準備時間帯に接触すれば、先方にさらに負担を

掛けることとなります。よって、未取引先に対するアプローチとして、この時間に訪問を行っても好印象を持たれるとは思えません。実権者が事業所（⇒事例ではスーパーマーケット店舗、もしくは店舗と事務所を兼ねた形態等が見込まれます）に在席しているのは、金融機関の来訪を待つためではなく、直接的な仕事に向き合うためです。開店前のスーパーマーケット店舗等で言えば、実権者の在席理由は、ひとつでも多くの商品を効果的に陳列することや、従業員の士気を高めることで販売増強を図りたいからなのです。

　以上のことから、とても金融機関の相手をしている余裕はないとも考えられ、その時間に訪問しただけで「非常識」と思われて立腹されかねません。たとえ先方の応対時の物腰が柔らかであっても、決して好印象を与えているばかりではないことを認識すべきです。

Ⓒ⑨：未取引先（スーパーマーケット）の金融機関への心情に対する想像力が乏しい

　四ツ谷先輩の発言からは、未取引先事業所が金融機関側の面談には応じるものの、取引成立にまでは至らない経緯が吐露されています。

　金融取引自体は、ⓐ金融機関、とⓑ事業所または個人、双方の合意に基づく契約であり、一方的なものではありません。よって、成立に至らない場合の理由も、各々が保有することとなります。

　他方、わが国全体では、顧客の数に比べ金融機関の数が多い"オーバー・バンキング状態"にあると言われており、優良取引先を巡って金融機関同士が獲得競争を繰り広げています。事例の「吉祥寺スーパー」は財務内容が良いという設定ですから、ヤルキ銀行以外の金融機関からも様々なアプローチがなされている可能性が高いことが見込まれます。平たく言えば、優良先は金融機関には全く不自由せず、金融機関を選べる"買い手"の立場なのです。

　また別の見方では、スーパーマーケットは、典型的なエンドユーザー向けビジネスでもあります。よって、金融機関行職員個々人も潜在あるいは実態顧客にもなることから、「悪い印象は与えたくない」という心情が働いた可能性もあるでしょう。もっと言えば、幅広い顧客と接点を持つ金融機関行職員の心証を害した結果、悪い話を触れ回られても困る、と考えていたかもし

れません。

　金融機関行職員としては、事業先の（社長ほか）実権者がとにかく「話だけは聞く」姿勢を絶やさないことに対して、背景を含めてその心情を鑑み・推し量る必要があります。単純に「面談対応してくれる＝取引相手として相応に認識している」と捉えているのならば、悪い意味で無邪気過ぎると言えるでしょう。

（4）**本来なすべき活動**

　顧客との金融取引にあたっては「顧客の実態をよく知ること」が不可欠です。それでは、（ややくどい言い方になりますが）顧客の実態をよく知る理由は何でしょうか。それは、「顧客の期待に応える」ため、つまるところサービスの質を上げるためです。そのためには、顧客から直接寄せられる声に"ズレ"た反応をしてはならないことはもちろん、顧客自身が気付かない潜在的な期待を予測し、提案などの形で顧客に気付いてもらうことも積極的に行うべきなのです。

　そうした期待の中には、「多忙時にさらに負担を掛けないで欲しい」という内容も含まれます。もっと言えば、「聞かなくても分かるようなことはわざわざ聞かずとも対応して欲しい・見込んで欲しい」と思っている可能性もあります。面談に先立った事前の電話予約を含め、顧客との接触時には、顧客都合を予測することが肝要です。「気付かなかった」と軽微に捉えることなく、先んじてそうした予測を行わなくてはならないと認識すべきです。

　事例で言えば、一般的に飲食店のランチは午前11時頃より提供されるため、面談を希望している午前10時は、ランチを目前としたいわゆる"仕込み"や提供準備、それも最終的な工程に忙しく追われる時間帯に該当します。また、スーパーマーケットの開店前の一時間は、一般的に"デイリー食品"と呼ばれる生鮮品等の搬入・陳列に追われる時間帯に該当します。

　上記「（3）**C**」でも述べたとおり、事業者はそもそも「金融機関との争いを起こしたくない」という意向を持っています。仕入等に相応の運転資金が必要であるほか、金融機関との接点は幅広く持っておきたいという心情も考えられます。もっと言えば、金融機関が多くの既存顧客・潜在顧客の取引

先であることに加え、場合によっては金融機関行職員自身が顧客になることもあるためです。

　エンドユーザー向けの飲食店やスーパーマーケットを経営している事業者であれば、そうした感覚は当然に持っていることが普通です。それゆえに、金融機関行職員には一般サラリーマン・ＯＬに輪を掛けた真摯さ・誠実さ・良識が求められます。熟慮なき軽率な行動によって、行職員自身が「口が軽く、信用できない」と思われるのみならず、所属する金融機関（全体）までもが「あんな人を雇うようなところとの取引は勘弁願いたい」と嫌気される可能性があることを十分留意する必要があるのです。

　筆者自身の渉外経験の中でも、定例訪問先の大手スーパーマーケットの金融機関窓口担当者から「勤務してもらっているパートさんの評判を一番気にしています。この人達の評判が近隣全体の評判に直結するからです」というコメントを聞いています。

　金融機関行職員の本音には、未取引先の経営実態をできるだけ詳細に把握し、審査基準に合えば与信取引を行いたいというものがありますが、それはすべての金融機関の勤務者に共通するものです。オーバー・バンキング環境の下で、顧客獲得を巡って激しい競争を繰り広げることを余儀なくされる中にあっては、相手先を問わず"顧客目線"に立った活動が求められます。ましてや、誰もが取引を行いたいと考える優良先に対してであれば、その心情をさらに推し量る必要があることは言うまでもありません。

　この前提として、その対象先が属する業界情報誌、業種別審査事典、アナリスト・レポート、さらには信用調査情報を必要十分に参照することも有効となります。さらに言えば、関連する法律・制度の改正への対応についても、知識を深めておくことが望ましいこととなります。

PART3　事前予約を取る

9　実権者に電話予約できたか？

（1）本書で取り上げる理由

　本欄では、いわゆる中小・零細企業への訪問を念頭に置いて解説します。

　わが国事業者は、その圧倒的多数を中小・零細企業が占めています。また、中小・零細企業の大部分をいわゆる同族企業が占めています。実情に目を移せば、収支の把握や資金繰りに直結する財務・経理業務は経営者一族が担うケースが大宗を占め、「代表者と経理担当者をオーナー夫婦が分担する」姿が一般的かつ最も多い姿でしょう。他方、完全な個人商店やいわゆるペーパー・カンパニーなどを除けば、そうした中小・零細企業に同族・親族以外の様々な人達が勤務する実態も見られます。

　金融機関の渉外担当者は、こうした先を対象に訪問・面談を行っているわけですが、実際には訪問時の面談者に占める社長など実権者の割合は決して高くありません。中には、「社長に会うのは支店長の仕事」という認識に凝り固まっているケースもまま見られます。実態上も、経験の浅い若年の担当者などが事業者を訪れた際に、社長から「経理は妻に任せてあるから、そっちと話して」という申し出をされることも少なくありません。そうした申し出に逆らって関係が悪化することを恐れるあまり、言われたとおり粛々と従っている一面もあるようです。

　しかしながら、誤解を恐れずに言えば、事業所の営業担当者は一定の周期・頻度で実権者である社長等に面談することが避けられません。その理由は、金融サービス（のオペレーション）を事業の実態に合わせて調整する必要が生じる、平たく言えば預金や貸金が事業・本業と表裏一体の関係にあるからです。中小事業者になればなるほど、「意欲を含めた社長の力量＝事業の将来性」の図式が当てはまります。社長次第で伸展も衰退もするわけです

から、定期的に面談してその把握をすることが絶対的に必要となるのです。

　他方、言うまでもないことですが、社長は事業先の役職員中で一番多忙であり、面談時間を確保することも簡単ではありません。しかしながら、それでも会ってもらわなくてはならず、また、そうした関係を構築すること自体が問われていることを肝に銘じるべきなのです。

（2）事例

　だいぶ気温も上がってきた梅雨入り前のある木曜日の夕方近く、午後の営業（渉外）予定を終えた進君は、店舗に戻って翌日以降の訪問予定を策定していました。策定後には、自身に割り当てられた渉外係の机で、面談予約（アポイントメント）の電話を掛けていました。

　午後3時を過ぎていたため、店内ではテラー・内部担当者を中心に集計作業を行う様子が展開されていましたが、やがて無事に計算が合った旨のベルが鳴らされました。ベルの後「やれやれ」と言いながら進君のところにやってきた神田次長と進君がしばらく話し込む様子が見えました。

①神田次長	ご苦労さま。訪問予約に勤しんでいるところかな？
②進君	明日と来週の訪問希望先へ電話を掛けているところです。有効面談数を確保するためには、やっぱり事前予約が大切ですね。
③神田次長	そう言えば、今日の昼前に、担当地区内の三鷹物産から融資窓口に対して経常運転資金の申込みが寄せられたみたいだったけど、訪問予定はあるのかな？
④進君	そうだったんですか。知りませんでした。 　三鷹物産への訪問は特に予定していなかったんですが、融資のお話でしたら非常に重要ですし、前回の訪問から1ヵ月弱が経過していますので、来週早々にお邪魔させてもらうよう連絡申し上げたいと思います。

⑤神田次長		訪問時には、誰と面談しようと思っているのかしら？
⑥進君		金融機関取引の窓口となっている経理部門の責任者が奥様ですので、いつもどおり奥様宛てに事前予約を取りたいと思います。
⑦神田次長		今回の店頭での申し出は、集金や預金の満期到来じゃなくて融資の話だったけど、それも経理部門が対応しているの？
⑧進君		奥様が「金融取引を熟知しているかなりの"やり手"」ともっぱらの評判でして、実際にお話をしていても相当の知識・経験が窺われます。 ですから、融資についても、経理部門との面談だけでこと足りちゃいますね。ライバル金融機関も、奥様にやり込められているみたいですよ。
⑨神田次長		事情は分かったけど、社長には会わなくても大丈夫なの？
⑩進君		そう言えば、担当させてもらってから社長とじっくり話す機会は頂戴していないですね。でも、確か今年に入ってから支店長が2～3度会われていたはずですよ。何か気懸かりな点などがおありなようでしたら、支店長にお聞きになられたらよろしいのではと思います。 必要ならば、支店長や次長が社長に会うためのアテンド調整を奥様にもお願いしますので、ご指示いただければと思います。

(3) 事例から見る問題箇所

A ③④共通：顧客情報の共有や重要性認識に改善余地を残す

　神田次長の言葉から、進君の担当先である三鷹物産からの融資申込みが昼前にあったにもかかわらず、夕方近くまで（"課"や"係"の枠を越えて）店内で情報共有されていなかったことが窺えます。

　融資の申込みは取引先顧客に纏わる最重要情報のひとつに該当し、迅速か

つ詳細な共有とその後の適切な対応が求められます。事例では、神田次長の発言から運転資金であることが窺われますので、より一層の速やかで適切な対応が求められます。運転資金の申込みの背景に、資金繰りの切迫があるのならば信用不安に直結しますし、逆に比較的余裕がある中でさらに手元流動性の確保を意図したのであれば、競合金融機関に先手を打たれてしまう可能性もあるからです。

　融資審査対応にあたっては、ときに「精査が第一・迅速さは二の次」の認識が見られますが、それは誤りであり、必要十分かつ可及的速やかに対応することが等しく重要です。繰り返しになりますが、それはオーバー・バンキング下における競争という理由だけではありません。信用補完の上でも、遅延対応によって信用コストが増大する、平たく言えばもたもたすることで回収ができなくなるという理由もあります。

　以上より、融資申込みを受けた融資窓口からの情報を店内全体で共有し、必要に応じた信用調査や面談ほか対応を（"課"や"係"の枠を越えて）適時適切に役割分担の上実施しなければなりません。夕方の時点で（地区の）渉外担当者がまだ知らないこと、また、進君が面談時期を「来週早々にでも」と認識していることについては、いずれも遅過ぎると言わざるを得ません。

B⑧⑨⑩共通：実権者との面談に対する重要性認識が薄い

　進君の発言からは、三鷹物産に関係する金融取引について「代表者の配偶者が所管する経理部門だけに行っておけば大丈夫」という意向が窺えます。その判断根拠は、ⓐ配偶者自身の金融知識・実務経験が十分であること、ⓑ進君の勤務するヤルキ銀行だけでなく、ライバル金融機関の渉外担当者等も同様に配偶者・経理部門とだけ面談していること、ⓒ社長と会うのは支店長など上席者の仕事であること、との認識に基づくものです。

　しかしながら、改めて言うまでもなく、それだけでは不十分です。事例では運転資金の融資申込みが寄せられていることとなっており、その背景にある事業の実態を把握する必要があることは言うまでもないですが、（1）でも述べたとおり、対象となる実態の中には社長自身の意欲も含まれるためです。よって、事業を行う取引先に対しては、事例の融資申込みの有無に関わ

らず、渉外担当者自身が一定頻度で実権者に面談する必要があるのです。

　また、これらについて注意喚起すべき神田次長からも、特に強い督促等の発言は見られません。管理者として、改善の余地を残すものと見込まれます。

（4）本来なすべき活動

　金融機関にとっては、社長ほか顧客先のキーマンは常に会いたいと願う相手ですが、先方にとっても同様に認識されるとは限りません。例えば、人間的魅力、持参する情報の質・量・迅速性、相談対応の品質等により、金融機関の窓口担当者に会う気が湧くか否かの差異がもたらされることでしょう。それ以外にも、単純に仕事に追われて忙しいということも大きな理由となるでしょう。中小・零細企業にとっては「会社＝代表者」であり、社長ほか実権者自身の動きを止めてしまえば、会社の動き自体が止まってしまうことも少なくないのです。

　実権者の実質的な繁忙状況への推察の正確性は、渉外知識・経験の保有度合いと正の相関が見込まれます。有り体に言えば、そうした事情を知れば知るほど、また、相手が多忙であればあるほど「余分な負担を掛けたくない」と考えるようになります。そう思うことはごく普通ですし、総じて礼儀正しく奥ゆかしい金融機関行職員の性向を鑑みれば、なおさらかもしれません。

　しかしながら、様々なニーズ把握と応諾のためには、たとえ非常に多忙な社長であっても、一定の頻度・周期で定期的な面談が欠かせません。誤解を恐れずに言えば、負担を上乗せすることによる関係悪化を恐れるあまり、関係が浅いままでいては、それもまた本末転倒なのです。

　よって、「ご多忙なので、お時間を頂戴したら申しわけない」と考えるのではなく、「ご多忙な中でお時間を頂戴する以上、それに見合う内容としなければならない」と考えなければならないのです。その実現のためには、社長ほか実権者への事前予約は欠かせません。事前予約の第一の理由は当方の"空振り"を防ぐためではなく、先方都合に合わせるためなのです。

　なお、本項目では事業者を例に説明させていただきましたが、夫婦共有名義での住宅ローンへの対応等にあたっての両者への面談等においても、同様の対応が求められます。

10 訪問にあたっての先方ニーズを聴取できたか？

（1）本書で取り上げる理由

　数多くの顧客の実態を把握した上で、金利・信用補完ほか取引への反映が可及的速やかに求められる金融機関行職員には、日頃から合理化・効率化を意識した行動が求められます。特に、顧客接点の構築・強化を担う営業（渉外）担当者であれば、「できるだけたくさんの顧客と会いたい」と考えるのが至極当然ですから、時間はいくらあっても足りないというのが本音ではないでしょうか。

　視点をずらせば、そうした意向は顧客側も全く同様です。これまで述べてきたとおり、現代人は総じて多忙であり、そうした中での金融機関との面談対応も相応に負担となっています。特に、会社を事実上一人で切り盛りしているような中小・零細企業の実権者にとっては、こうした負担が（相対的に）非常に重くなることは想像に難くありません。

　このため、当然のことながら、貴重な面談機会をできるだけ意義のあるものにすることが望まれます。具体的には、設備や運転資金需要発生時等に応じた商品・サービスのタイムリーな提案、顧客にとって価値のある情報提供、顧客と金融機関の双方にとって有益な意見交換等が挙げられます。

　これらの活動は、いずれも顧客実態や顧客ニーズを的確に把握することを前提・契機に実現が可能となります。個人ローンを例にすれば、卒業・就職した対象者に教育ローンをセールスしても、運転免許証を持たない対象者に自動車ローンをセールスしてもニーズ自体が見込まれず、逆に不快な思いを与えかねません。このほかにも、事業縮小を予定中の事業者に新規設備投資用の融資利用を打診することや、スタッフの増員・採用に悩む事業者に人員削減ノウハウを提供する場合も同様となる可能性があります。これらはいず

れも、顧客実態の把握が不十分ためニーズを読み違えてしまった例ですが、こうした事態は絶対に避けなければなりません。

そのためには、機会ある度にニーズを捉える・予測する行動を欠かさないことと合わせて、それを可及的速やかに・早期に行うことが肝要となります。すなわち「次回ではなく今回」「明日ではなく今日」の姿勢が求められるのです。

一方で、営業（渉外）担当者の意識・行動は、日常の繁忙さや前例踏襲先行の意識を背景に、必ずしも十分とは言えません。既存・定例訪問先に対しては、悪く言えば馴れ合いや先入観が先行することも珍しくありません。また、新規訪問先に対しては、面談に漕ぎ着けること・面談を行うこと自体までで力尽きる姿勢が散見されます。こうした結果、訪問に先立ったニーズ聴取を十分に行うことなく面談に臨む事態が珍しくありません。

(2) 事例

週末金曜日の窓口時間終了後の夕方、御茶ノ水課長以下たねまき支店の渉外係のメンバーが、店内応接スペースに集まってミーティングを行っていました。

議題は、現在の店舗全体の実績、本部からの通知事項の確認に続き、翌週の行動予定を担当者順に行うこととなりました。

①御茶ノ水課長	次は前江進さんだね。来週の重点・準重点地区への訪問はどう予定しているのかな？
②進君	水曜日に、重点地区内の優良先で未取引先のさかいホームに行くことにしています。あとは、既往・定例訪問先への訪問活動が中心になりますね。
③御茶ノ水課長	さかいホームの訪問時には、誰に会うのかな？

④進君		境社長です。先月初めて名刺交換させていただいて、二度目の面談になります。 お忙しい社長なんで、なかなか時間を作ってもらえず、何度も頼んでようやくアポが取れました。
⑤御茶ノ水課長		境社長には、どういうアピールを行うつもりかな？
⑥進君		以前、課長に教えていただいたとおり、建設・不動産関係の業界新聞や業界誌などの情報を提供しながら、融資ほかのご利用を打診してみるつもりです。
⑦御茶ノ水課長		一般論としてはそれでかまわないけど、"さかいホームならでは"のプラスアルファは要らないかな？ 訪問予約を取ったときに、先方にニーズは照会していないの？
⑧進君		何かニーズがあれば先方からそうしたお話もあったと思うんですが、特段何もなかったので、一般的な対応を漏れなく行えば良いんじゃないですかね。 以前、建設・不動産関係の別の事業者に融資セールスを行った際にも、特段の準備は行わなかったのですが、クレームらしいクレームはなかったように記憶しています。
⑨御茶ノ水課長		ニーズ以外のことでは、境社長はどんなことを言ってたのかな？
⑩進君		「金融機関は入れ替わり立ち代わり毎日のようにやって来るよ」と言ってましたね。 金融機関との対応自体にも慣れていると思いますので、そういう意味でも特に心配はしていません。

（3）事例から見る問題箇所

A②③共通：共有のための報告が不十分

　ミーティングの実施目的は、必要となる情報を共有し、知恵を出し合って参加者全体の活動を生産的に導くことです。その必要条件は、ⓐ他者に対し有益な情報を必要十分かつ迅速・簡潔に提供する、ⓑ他者の発言を傾聴し補

完・昇華のための発言を行う、こととなります。平たく言えば、主目的は、誰にでも分かる物言いで中身の優れた発言をすること、なのです。

　事例では、御茶ノ水課長から翌週の重点・準重点地区への訪問予定が尋ねられています。一方で進君は、重点地区内の１先と「既往・定例先への訪問」という全体像のない一部の曖昧模糊とした返答にとどまっています。準重点地区への訪問予定総数や発言中の「既往・定例訪問先」がどの地区に該当するのかが明確に述べられていないため、上記必要条件の@を満たしていないこととなります。

　なお、本件について最初に課題認識し注意喚起すべき御茶ノ水課長からも、特に指導等が見られず、（さかいホームへの訪問という）個別事象に即座に言及していることも問題と言わざるを得ません。

B⑥⑦⑧共通：面談に先立ったニーズ聴取への必要性・重要性認識が不十分

　本質的には、顧客のニーズは顧客の数だけあり、二つと同じものはありません。また、業界新聞や業界誌は、あくまでも（その時点の）読者の興味や業界内の話題を踏まえた報道や解説を担うため、"最大公約数"的な位置付けとなり、顧客ニーズと完全に一致するとは限りません。さらには、そうした一般情報を顧客が既に購読・参照済みであったり、競合金融機関によって先行提供されている可能性も否定できません。結局、こうした情報だけでは"決定打"になることは僅少であり、あくまでも面談の口火を切るためのものと考えるべきなのです。

　事例では、さらに過去に他者へ行った（不十分な）アプローチを「特段の準備は行わなかったが、クレームらしいクレームはなかった」とする誤った成功認識が見られます。金融機関スタッフには、あらゆる機会を捉えて顧客実態やニーズ把握をできるだけ早急かつ詳細に行うことが普遍的に求められ、それは面談前であっても変わりません。見方を変えれば、進君はその重要性を十分理解できていなかったため、ニーズ把握を企図する姿勢が見られなかったのです。

　また、本件対応を改善させるべき立場の御茶ノ水課長からの注意喚起も十

分とは言えず、結果として進君の認識を変えられない水準にとどまっています。

C ⑧⑨⑩共通：顧客性向への想像力が不十分

　金融機関スタッフが複数の顧客との接触を通じ、顧客間の比較を意識的あるいは無意識に行うのと同様に、顧客もまた、金融機関相互間の比較を行っています。特に、決算状況が優良な顧客や有力な資産背景を持つような顧客であれば、多数の金融機関から同時並行的に取引を打診・勧奨・依頼されることも珍しくありません。側面的には、そうした事業者にとっては、新たな金融機関や担当者との接触も"お手のもの"にもなります。

　事業者目線に立てば、親しい間柄や相応の取引関係に至る前の段階では、自身の本音を「曝け出すことを控えておこう」という心情を持つことが容易に想像できます。さらには、いざというときの融資対応や他者への流布を考慮し、「金融機関からの評価に注意しよう」「どんな相手にも通り一遍の対応だけは行おう」という危険回避意識を持つこともあるでしょう。

　これらの背景を勘案すれば、たとえ顧客側に各種のニーズがあっても、ようやく二度目の面談に至ったようなさして親しくもない金融機関スタッフに、それを自ら積極的に伝える姿勢を示すでしょうか。進君のような「取引開始・深耕を"打診する側"」がよほどうまく誘発しない限り、既往取引先金融機関との関係等を慮って一歩引くような姿勢を示すことがごく自然と考えられます。

　よって、進君が「何かニーズがあれば先方から話があるはず」あるいは「以前も特段の準備は行わなかったがクレームはなかった」と顧客姿勢を捉えているのは早計と言わざるを得ません。また、「金融機関との対応自体にも慣れているので、特に心配は不要」についても同様で、いずれもズレていると言わざるを得ません。つまるところ、金融機関側から積極的かつ巧みな聴取姿勢を示さない限りは、先方からそう簡単にニーズなど教えてはくれない、と捉えるべきなのです。

（4）本来なすべき活動

　顧客との面談は、顧客と金融機関の双方にとって、お互いに大変貴重な時

間を割いて実施されています。換言すれば、当事者の一方もしくは双方に、そうした負担を過重に感じながら接している可能性を見込む必要があるのです。

　このため、肝心の中身を有意義にすることが当然に求められます。有意義に感じてもらうための諸準備も可能な限り実施すべきであり、その中には面談に先立った顧客へのニーズ聴取も当然に含まれることとなります。なぜなら、顧客ニーズに応じた提案や情報提供を少しでも早く行えば、その分だけ顧客満足度を高め、結果として面談自体を有意義に感じてもらえる可能性をも高めるからです。

　視点を変えれば、低成長が続く経済環境や少子高齢化を背景とした国内市場の成熟化は、金融機関のみならず顧客にとっても大変厳しい環境です。実際に、顧客も生き残りや業績伸張のために施策の見直しや創意工夫を強いられ、また実際に図ってもいます。つまるところ、ニーズのない顧客は存在せず、そのニーズも絶えず変化し続けるのです。

　よって、「よそでもそういうことがあったので、今回もそうに違いない」「同業者がそう言っていた」「本人から以前そう聞いた」等はいずれも思い込みの恐れを残すと言わざるを得ません。また、「まずはこちらの商品を…」の画一的な姿勢も、当方側の都合と認識される可能性を正視する必要もあるでしょう。

　さらには、「ニーズは会ってから聴けば良い」の認識も改めるべきです。何の準備もせずに顧客に喜ばれることはないことを理解し、面談に先んじたニーズの聴取・打診を自ら行うことが求められるのです。それが、面談内容を有意義にする手段なのです。

　担当者にあっては、顧客との面談予約に腐心するだけでなく、実際の面談に先立ったニーズ把握に努めるべきです。それは、前回の面談時に把握した内容を活用することに加え、電話や電子メールによる予約時等も同様です。管理者や統括者にあっては、こうした動きを勧奨した上で漏れなく管理することが肝要となります。

PART 4

訪問に先立った準備を
しっかり行う

　ごく一般的な金融機関の営業（渉外）担当者は、訪問可能な営業日はすべて訪問するという意識で業務に向き合っていることと思います。それゆえに、「訪問先での面談機会を有益なものとしたい」という意向を持たない営業（渉外）担当者はどこにもいないでしょう。一方で、筆者が「有益化実現のための諸準備」について問うた際に、明確な回答を返答できる営業（渉外）担当者は僅少でもあります。逆に、そうした認識を原始的に保有せず、こうした問い掛けによって初めて必要性を認識する営業（渉外）担当者も珍しくありません。

　他方、金融機関営業店の日常は極めて忙しく、ともすれば「目の前にある（直接的な）多数の事務処理を期限までに正確・迅速にこなす」ことにばかり意識が奪われがちです。それゆえに、訪問に先立った準備を、訪問当日の朝、つまりは外出直前の段階になって初めて取り組む姿もよく見る光景です。これらの結果、諸準備については、認識面のみならず実態面としても、十分な対応がなされていない全般的傾向が見られます。

例えば、(純)新規事業先の開拓にあたっては、以下の準備をもって「完了」とする認識などです。
ⓐ訪問対象先の抽出
ⓑキーマンとの事前予約の実施
ⓒ事業者向け推奨商品・サービス説明用資料の策定・調達
　顧客先への訪問・面談に限らず、業務に先立った諸準備の実施には目的があります。上記の(純)新規事業先の開拓の例で言えば、「獲得対象事業先実権者への漏れのない説明」であることが目的として読み取れます。
　詳細部分は本文で触れていますが、率直に言って、上記の諸準備だけでは不十分です。その理由は、訪問・面談時の活動対象が、「獲得対象事業先実権者への漏れのない説明」だけにとどまらないためです。
　営業(渉外)担当者の日常活動を直接的に管理・統括するのは、"支店長代理"等の肩書きが付された担当役席者という形態が最も一般的でしょう。当該役席者は、総じて高い熱意をもって管理に取り組んでいますが、有り体に言って、結果ではなく準備段階における指導や指摘は非常に少ない一面が見られます。

11 先方への提供情報を準備できたか？

(1) 本書で取り上げる理由

　本欄では、いわゆる中小企業への対応を念頭に置いて解説しますが、相手方が個人であっても本質的には全く同様とお考えください。

　わが国事業者は、その圧倒的多数を中小・零細企業が占めており、金融機関の取引先事業者も、こうした企業が太宗を占めることとなります。大企業とは異なり、これら企業の実権者は、一人で何役をもこなさなければならないこととなりますが、一日は誰にとっても24時間ですから、自ずと多能化・効率化が求められることとなります。

　中小・零細企業の実権者の悩みは数多く、それゆえにニーズも多岐にわたります。それらの事情を背景に、顧客側が金融機関に望むサービス充実事項は、満足度調査やニーズ調査を見る限り、「情報提供の充実」「相談対応の強化」が上位に位置するようです。平たく言えば、現在よりも情報の範囲・精度・迅速性などをより高度化して欲しいという希望を持っているのです。平成15年には「リレーションシップバンキングにおけるアクション・プログラム」が金融庁から公布されています。当該プログラムについても、これらの動きを促進させ、もってわが国経済の発展の一助となることを意図したものと捉えれば、特段変わった活動ではなく従来から実施されていたものと理解できるはずです。

　一方で、そうした実態は、「必ずしも金融実務者に幅広く浸透している」「行動に反映されている」とは言い難い実態が今なお見られます。一例を挙げれば、日常、営業店で実施されている各担当者への指示や管理にあたっても、以下の動向ばかりが取り沙汰され、情報提供は二の次となる課題が見られます。

まま見られる意向	相手先での依頼
預金・融資・預り資産等の顧客側の購入意向ばかりを求めたがる	購入ニーズ聴取・満期到来時書換依頼等
先方情報の提供ばかりを求めたがる	業況ほか信用状態聴取・(紹介可能な)他の顧客先聴取依頼等

　言わば、"セールス第一・情報収集先行"の意向が招く事態なのですが、こうした行動の長期化・継続により、当初の違和感や問題意識が大きく希薄化・滅失する傾向が窺えます。

(2) 事例

　水曜日の昼食明けの12時半過ぎ、進君は午後の訪問準備をしていました。そこへ、朝一番から本店で実施されていた次席者会議に(日帰り形態で)参加していた神田次長がたねまき支店に戻って来ました。

　たねまき支店では、11時半から13時半にかけて2交代制で昼食休憩を取ることになっていたため、12時半過ぎの店内の陣容は手薄でしたが、たまたま来店客はいませんでした。このため、事務室内に残っていた役席者にひととおり声を掛け終わった次長が、進君と話し始めました。

①進君	今日の「全店次席者会議」のテーマはどんなことだったんですか？
②神田次長	いつもの業績達成のための発破に加えて、スタッフに対するフォローアップの重要性を口酸っぱく言われて、も〜うんざりよ。 　まぁ、言われた以上はやらなくちゃならないんだけど、前江さん(＝進君)の担当先で、私がフォロー訪問したほうが良いような先はある？

③進君		いや〜…。 急に言われても、思いつきませんね。
④神田次長		ちなみに、今日これからの予定はどこに行くことにしているの？
⑤進君		定例訪問先に集金があるほか、小金井食品にもお邪魔しようかと思っています。
⑥神田次長		今日の訪問結果にもよると思うけど、推進か何かで私のほうでもうひと押しできるようなら、明日以降に小金井食品にお邪魔しようかしら？
⑦進君		いや、まだ結構です。財務内容や技術力が折り紙つきなんで、当初は何とか取引深耕を図りたいと思ったんですが、とにかく何度訪問しても熱意が通じないんですよ。融資や預り資産など、こっちが聴きたい金融ニーズは全く教えてくれないし、かと思えば難しい話ばかり聞かれて、ちょっとうんざりしているところなんですよ。 　そんな情報収集もままならない状態なんで、とにかく顔つなぎだけはしっかりやっておいて、中長期の時間軸の中でニーズを捉えられれば…って思っているところです。今日も、そういう中での訪問ですから、次長に行ってもらっても成果は乏しいかと思います。
⑧神田次長		先方からは、どんな話をされているの？
⑨進君		確か、前回訪問時には、「意欲ある技術者を手ごろな賃金で雇いたいんだが、何か知恵や材料を持ってきてくれないか？」とか「もっともっと当社をアピールしたいんだが、何かないか？」って言われました。そんなことを言われても、次長も知ってのとおり当店にはそんな情報を提供できる材料もありませんし、正直言って虫のいい話だとも思いました。 　まぁ、小金井食品はウチがメインでもありませんので、正直言って後回しにしてもかまわないかと思っているんですよ。

PART 4　訪問に先立った準備をしっかり行う

| ⑩神田次長 | へぇそうなの…。
　小金井食品がそんな調子で応対しているとは知らなかったけど、確かになかなか難しそうね。
　それじゃあ、別のところでフォロー訪問するようなところはある？ |

（3）事例から見る問題箇所

A②⑩共通：（指示する側の）手段の目的化による生産性低下

　店舗の次席者には、マネジャーとして店舗全体の生産性を高めるべく、所属者個々人とチームの最適化を導く役割が求められます。その内容は、当然のことながら"実(じつ)"を伴うものでなければならず、「仏作って魂入れず」の思考・行動では、そうした悪い姿勢ばかりが所属行職員に伝播することに注意が必要です。

　神田次長の発言からは「指示された以上は、（直接的な）行為自体をやらなければ」「どこでも良いから、とにかく行動ありきで」の姿勢が窺えます。言わば、"やらされている感"丸出しの中での「フォローありき」であり、典型的な手段の目的化と言えるでしょう。

　これでは、進君をはじめとする他者に正の動機を与えることはできません。周囲も指示・命令に真摯な態度で臨むことが馬鹿らしくなり、やっつけ仕事や"流す"対応を招くこととなります。そうなれば（よく見られる）「駄目な職場」そのものです。

　改めて言うまでもなく、他者への指示・命令を通じた要求を行う以上は、真摯で誠実な姿勢はもちろん、目的・意図や本来あるべき姿を踏まえた具体的な内容を含む指示が必要となります。また、他者を動かすためには、意欲を引き出す・掻き立てる口上や態度で接することにも留意しなければなりません。これらは、本事例でのフォロー訪問候補先の照会や提供情報の事前準備でも、全く同様に求められます。

B②③：顧客実態把握や他者機能の活用・補完にかかる準備不十分

　顧客から見た金融機関の選別は、"総合評価"によってなされます。営業

（渉外）担当者やテラー担当者は、このことを日常から必要十分に認識し、店内の同僚はもちろん、本部機能をも活用しながら、常に顧客の選別に耐え得るよう創意工夫を行う必要があります。

　事例で示した顧客先への（上席者）担当者以外のフォロー訪問等は、金融実務上で日常的に実施されている事項です。よって、管理者・担当者双方で、以下の図を常にイメージし、具体的に顧客を当てはめていく思考・行動が求められます。

顧客に対しどのような手段が有効か？　機能するか？
▼
そのひとつにフォロー訪問がある＜目的は満足度向上＞
管理者にとっては ▶誰の担当するどの顧客先に（自身を含め）誰を訪問させるか
担当者にとっては ▶どの顧客先に誰のどの機能を使ってフォローするか

　事例では、神田次長・進君ともに、対象先がすぐにイメージできない旨が示されていますが、いずれも原始的な顧客実態の把握が不十分と言わざるを得ません。

Ⓒ④：部下管理不十分

　管理者である次席者にとって、営業（渉外）担当者の日常の行動管理は、業務上の必要条件に該当します。その中でも、主要活動地が店舗外となる営業（渉外）担当者が「どこへ何をしに行くのか」は、必須事項に該当するもののひとつでしょう。

　事例の神田次長は、朝から実施された次席者会議に出席した後に帰店した設定となっていますが、前日までの段階で、進君の予定は当然に把握しておかなければなりません。むしろ、次席者会議へ出席するための不可欠な諸準備のひとつと捉えるべき事項です。

Ⓓ⑦⑧⑨⑩共通：情報提供の必要性に対する原始的認識不十分

　顧客に対する情報提供は、顧客自身の付加価値ほか競争力向上等に資することに加え、提供によって顧客満足度を高め、取引金融機関としての選別に

残ることを目的に実施されるものです。後者においては、時に金融機関全体のブランド・イメージや、預貸金の金利差以上の"決定材料"となることも少なくありません。つまるところ、情報提供は、営業（渉外）活動の中心となるべき事項に該当します。

　この一方で、事例の進君は自身の取扱商品・サービスを販売する意向ばかりが強く、「訪問・勧奨を繰り返すことこそが熱意である」という誤った認識が見られます。実際のところ、こうした思考・行動に凝り固まった営業担当者は金融業界以外でもよく見られますが、一方的な意向や関係が長期安定的な取引に繋がらないことも業種を問わず共通して見られる傾向です。

　近時のわが国の金融実務上では、大多数の金融機関が信用調査機関からの情報ほか類似のニュース・ソースに基づいた活動を実施し、より具体的には、優良（見込）先の開拓・深耕活動を競争環境下で行っています。こうした実態下にあっては、金融機関の面談相手となる企業側の実権者や財務担当者が同じような提案・打診を複数の先から受けることとなります。映画俳優や音楽家などが、作品のリリース時に、複数のメディアから似たようなインタビューを受けることとよく似た構図です。

　この結果、金融機関への（あしらいなども含めた）対応が巧みになるケースの一方で、事例のように認識・保有課題を説明し、情報提供を求めるようなケースも見られます。実際のところ、後者のような声を真摯に受け止め、できる限り有益な情報を用意することこそが営業（渉外）活動の醍醐味のひとつなのですが、進君にはそれが理解されていません。「難しい話ばかり言われる」と嫌気するのではなく、そうした機会を得たことを喜んだ上で「望むところだ」「競合先よりも良いアイデアを出そう」と捉えるべきなのです。

　また、そうした必要性を促し、誤った思考・行動を軌道修正すべき役割が期待される神田次長からも指導らしい指導が全く見られず、管理者失格の烙印を押されても仕方のない対応を示しています。

（4）本来なすべき活動

　顧客に提供する情報の質・量の充実や迅速性の確保は、金融機関の生き残りに不可欠な「顧客からの選別」の際の主要材料のひとつとなります。

一方で、そうした事情は競合先も同様であり、同様の活用を展開中です。よって、差別化をもたらすことは容易ではなくなります。このため、その場凌ぎの対応で可能となるものではなく、必要十分な事前対応、つまりはしっかりとした準備が実現のための必須条件となります。この部分を掘り下げれば、提供情報を準備するために以下のような思考・行動が求められることとなります。

誤	正
情報収集第一	情報提供第一
とにかく顔を出してアピールする	提供情報を持参の上必要十分に説明する
（他の）仕事が忙しく準備のための時間がない	準備のための時間を確保することは"仕事"そのもの
提供できる情報（材料・手法）がない・手持ちがないので仕方ない	提供できる情報を探す・材料をもとに"自身が顧客だったら"の仮定で自身で考える
顧客ニーズを聴取してから対応する	先んじて予測・提案する

　これら思考・行動変革のためには、「評価を下すのはあくまでも顧客」の原理原則を常時意識し、顧客の実態を定期的に把握する必要があります。なぜなら、顧客が置かれた条件に差異が生じれば、それに伴ってニーズも変わってくるためです。つまるところ、顧客実態の正確・迅速な把握は、単に与信判断等に活用できるだけではなく、顧客への情報提供の基礎部分にもなり得るのです。

　また、情報提供の充実には、担当者自身の感（応）度を向上させることが有効となります。顧客が置かれた環境をどれだけ連想・想定することができるかが、情報提供の有効性に直結するからです。感（応）度の向上と視野・発想の拡充には正の相関関係が見られがちなことから、担当者の視野・発想を意図的に拡充していくことも有効となります。

　そのためには、日々の研鑽つまりは知見の修得と経験値の積上げを意識

的・計画的に行うことが肝要です。人間は弱い生き物ですから、放っておけば易きに流れる傾向がありますので、場合によっては計画を立案・公開して他者と進捗実態を共有することも一案となります。

　修得にあたっては、特に、"やったことのないこと"への挑戦意欲を持つよう仕向けることも必要となります。理想的には、こうした意欲がチームや営業店全体に波及していくことが望ましいこととなります。

　なお、知見の修得にあたっては、出所の明らかな文献を時間を掛けて紐解くことが結局は近道になります。そのためには、自身で日々研鑽を重ねる（平たく言えば、勉強をし続ける）必要があります。より具体的には、顧客との応対の中で必要性に気付き、自身で関係法令や実務書を紐解き、さらに実務家の話に耳を傾け修正を加えながら何度も咀嚼し続けることで初めて身に付くのです。そうした過程を省略して「右から左」に転送しただけの知識は血肉化されず、実務に耐え得る水準とはなりません。

　一方、営業（渉外）担当者に知識修得の方法を尋ねると、「新聞やインターネットから…」等の曖昧な回答をする姿がごく一般的に見られます。ここで立ち止まってしっかりと認識いただきたいのですが、この回答には以下の問題が包含されているのです。

ⓐ新聞による情報は「（記者の）記述時点で判明した（と考えられる）客観報道」が中心であり、速報性を重視する一方で、関係法令ほか詳細事項までが十分に記載されていません
ⓑインターネットで閲覧できる情報は確度の高いものばかりではありません

　結局のところ、新聞・インターネットによる情報は"口火"や"さわり"の部分以外での活用は難しく、それだけでは実用可能な知識にはなり得ません。繰り返しになりますが、同じ文章ではあっても、インターネット上の無記名の意見表明と活字出版では、公表過程までの確認作業にも非常に大きな差異があるのが実態です。見方を変えれば、現在もなお、出版の壁はかように高いとも考えられます。

12　持参品に漏れはないか？

（1）本書で取り上げる理由

　"町丁字（ちょうちょうあざ）"等で分かれた区域を"地区割り"形式で受け持つ所管形態が太宗を占める営業（渉外）担当者は、昼食・休憩時の帰店を挟んで午前・午後に各々外出する姿が一般的です。大きなトラブルほか緊急を要する事態に遭遇しない限りは、何度も帰店していたら非効率この上ありません。

　実情を踏まえれば、商品・サービス販売や情報提供・収集など顧客応対には、所定の用紙や資料など、"紙"の利活用が欠かせません。例えば、キャンペーンを宣伝する際には拡販用のチラシが必要ですし、口座振替を依頼するためには所定の申込用紙が必要となります。一方で、近時の金融機関が取り扱う商品・サービスの範囲は広く深くなっており、そうした"紙"の種類もますます増大傾向にあります。

　よって、外出前には、既述の"紙"を含めた持参品を「漏れなく装備しているか」の確認をきちんと行う必要があります。保有していない（＝忘れた）時点で帰店していては、仕事にならなくなるからです。

　それでは実際のところは…、と問われれば、金融実務者であればよくご存知のとおり、いざというときに「肝心なときに忘れた」「今あれを持っていれば…」と悔やむ事例は枚挙に暇がありません。"紙"以外にも、未装備を理由に十分な対応ができなかった事例も少なくないでしょう。

　背景には、景気の長期低迷や利鞘縮小に追い立てられる形で、営業店人員総数の絞込みが図られ、営業（渉外）担当者各自への負担が相対的に重くなっているという事情もあるでしょう。

　しかしながら、仮にそうしたことがあっても、これらはすべて内部の事情であり、顧客には無関係であることを今一度認識する必要があります。あく

までも、商品・サービス提供の"質"が顧客側の選定根拠となることは、改めて言うまでもありません。

　持参品の漏れのない装備は、商品・サービス提供の質に直結します。競合先への差別化は、必ずしも特段の才能や才覚が必要なわけではなく、基本事項を漏れなく行うことも極めて重要となります。

（2）事例

　金曜日の朝10時半、午前中の訪問が予想以上にスムーズに終了しひと足早く帰店していた御茶ノ水課長のところに、（外線）電話連絡が入りました。相手は営業（渉外）活動のため外出中の進君のようです。

①進君	今日は終日、条件変更対応を視野に入れないといけない事業先を回ろうと思っていたんですが、時間がかなり空いてしまいました。 　すいませんが、私の机かその周辺あたりに、何かメモは置かれていませんかね？
②御茶ノ水課長	ちょっと待って、探してみるよ。 　ええと、小金井会共済総合病院の事務長さんから、電話が欲しい旨の伝言メモがあるね。
③進君	それだけですか。コクブンジメガネからは何もないですかね？
④御茶ノ水課長	特にないみたいだけど…。
⑤進君	そうですか、分かりました。少々残念ですが、コクブンジメガネには直接行ってみます。 　まぁでも良かった～。以前からお願いしていた小金井会共済病院の職域訪問は、ようやく認めていただけたようです。

⑥御茶ノ水課長	良かったね。
⑦進君	「善は急げ」なんで、早速これから行って事務長さんにお礼とご挨拶をして、昼からの食事時間に合わせて食堂で従業員の皆さんにご挨拶してきます。
⑧御茶ノ水課長	分かった、よろしくね。 でも、職域訪問用の書類は大丈夫？
⑨進君	支店を出る時点では予定していなかったんで、全部は揃っていないかもしれませんが、熱意でカバーしますよ。 何よりも、先方の気が変わらないうちにアプローチすることのほうが優先だと思います。
⑩御茶ノ水課長	分かった。期待しているよ。

(3) 事例から見る問題箇所

A ①②⑤⑥共通：訪問予定先管理が不十分

相手のあっての営業（渉外）活動ゆえ、一概に決めつけることはできませんが、相当量の空き時間が発生する事態には、やはり進君の訪問予定の事前管理部分に不十分さを残すと考えざるを得ません。また、当該空き時間への対応策として、予約なしの訪問を行おうとする意向も最善とは言いかねます。

これらの事態に注意喚起等を行う役割が求められる御茶ノ水課長からも、改善対応が何ら促されておりません。

B ②⑤⑥⑦共通：事前訪問（予約）対応不十分

小金井会共済病院からは進君宛の「電話が欲しい」旨の伝言がなされているだけであり、この時点では職域訪問が本当に承諾されたのかどうかは不明のままです。たとえ事前に「承諾した場合には電話連絡を行う」旨の合意がなされていたとしても、ものごとに絶対ということはないのです。

よって、先方の意向に従って電話連絡を行い、真意を確かめる必要があるのですが、進君は自分に都合良く解釈するばかりの意向を示しています。すなわち、確証が得られない段階で、先方側の都合も聞かずに半ば強引に訪問

しようとするものです。

　こうした対応時に先方が謝絶の意思を持っていた場合には、強引な対応がさらに裏目に出る可能性があります。また、仮に先方に承諾意思があったとしても、先方都合を無視することで心証を害することにもなりかねません。例えば、職域開拓の実施に先んじて従業員への事前説明ほか内部への調整を予定しているかもしれないからです。「善は急げ」の発言も見られますが、善悪の判断はあくまで顧客側が行うべきものであり、金融機関側の自己都合だけで行動すれば、身勝手な印象を与えるばかりとなります。

　進君の発言からは（悪い意味での）天真爛漫さや無邪気さも感じられ、原始的な重要性を認識していないことが窺えます。場合によっては、このような顧客目線を欠く行動を日常的に行っている可能性を疑わざるを得ず、迅速な修正を促す必要がありそうです。

　また、これらに対する注意喚起を行うべき立場の御茶ノ水課長からも具体的な再考指示・示唆等は出されず、無条件に褒めそやすばかりです。これでは、管理者としての対応が不十分と言わざるを得ません。

C ①⑦⑧共通：持参品の準備・確認が不十分

　例えば本事例で題材とした病院への職域訪問活動にあたって必要となる持参品は、非常に多種多様なものが想定されます。比較的規模の大きい病院になりますと、医師以下実にたくさんの職種の勤務も珍しくなく、その分だけ金融取引ニーズにも多様化が見込まれます。

　あくまでも想定の範囲になりますが、ざっと考えただけでも、以下の想定が可能となります。

（順不同）
- 口座開設など取引開始ニーズ
- 各種預金など受信ニーズ
- 各種ローンなど与信ニーズ
- 給与振込口座指定・各種口座振替・クレジットカード等決済性ニーズ
- 投資信託・年金保険ほか預かり資産ニーズ

これらの商品説明用のパンフレットやチラシ、事務手続きに伴う各種用紙に加え、場合によっては商品告知ポスターなどを貼付させていただくことも可能となるかもしれません。事例での進君は当初、条件変更対応が必要な事業先への訪問を予定しており、開拓・推進とは取扱商品・サービスや対応事項が全く異なります。このため、上記に示した職域対応に伴い必要となる持参品が十分に装備されていない可能性もあります。

　進君には「当初の予定があったのだから仕方がない」という言い分があるかもしれませんが、顧客もしくは顧客予備群には、そうした事情は無関係です。なぜなら、顧客の評価は"現在価値"を基本に行われるからです。

　これらに対し注意喚起を行うべき役割が求められる御茶ノ水課長からも、指示や示唆が何ら出されておらず、「管理者としての責務を十分に果たしていない」と批判されても仕方のない対応です。

（4）本来なすべき活動

　営業（渉外）活動の成果の大部分は、訪問前の準備段階で決定します。具体的な準備は、顧客に関する事前調査や情報提供内容にとどまらず、顧客に対する勧奨・推奨用の営業ツールや申込書等にも及ぶことになります。

　いざ活動してみれば、営業（渉外）活動にあたって、見込み時間に対する実際の面談時間が異なり、時間が余ったり足りなくなったりする事態は日常的です。こうした事態を背景に、時間が余った場合の有効活用策のひとつとして、予定外の訪問先に急遽出駆けて商品やサービスの勧奨活動に充当することも一案となるでしょう。

　商品やサービスの勧奨にあたり、必要十分な事実を説明しないことや、圧迫販売は決して認められるものではありません。この一方で、顧客は移り気なものであり「次回にはもうチャンスはない」という一面も併せ持っています。さらに言えば、顧客は決して金融取引に伴う事務対応に慣れているばかりではなく、持参した書類を記入相違による書損とせざるを得ないことも少なくありません。

　他方、近時の金融機関が取り扱う商品・サービスの範囲は非常に広く深く、それらすべてに纏わる営業ツールや申込書を（書損見込分を含めて）相当量

携行することは、現実的には不可能です。よって現実的には、以下の対応が求められることとなります。

(順不同)
ⓐ新規口座開設・普通預金入出金（伝票）・定期預金預入申込書・キャンペーン中の商品やサービス等に関する営業ツール等、"共通する書類"をある程度余裕を持って装備する
ⓑ訪問予定先の経路の検証時等に、時間の不足・余剰を見込んである程度の「予定外の訪問先」を想定し、それに合わせた持参品を装備する

むしろ問題なのは、上記の事例のように「予定外のときは持参品が不十分でも仕方がない」「ないならないでそのときはそのとき」等、原始的な問題意識を欠くことです。

予定外云々は金融機関側の都合であり、顧客は常に金融機関の現在価値を評価し、静かに選別し続けていることを忘れてはなりません。一度失った信頼や信用を回復させるのは大変な労力を伴い、場合によっては努力や尽力をもってしても二度と回復させることができないことも少なくないのです。

13 経路や緊急連絡用電話番号は控えたか？

(1) 本書で取り上げる理由

　インターネットに代表される情報・通信技術の革新は、現代社会に非常に大きな影響を与え続けています。この影響は多方面に及んでいますが、これまで以上に現代人を忙しくさせる一面をもたらしてもいます。

　こうした傾向は、金融機関の顧客も例外ではありません。事業者を例にすれば、その上さらに少子高齢化に伴う成熟化や過疎化など経済の環境悪化要因が加わっていることもあるでしょう。この結果、顧客の置かれた環境は「厳しいことが普通」になっているといえます。また、個人顧客を例にすれば、情報収集が容易になった半面、選択肢が無限大に広がってしまうことへの負担感が生じていることもあるでしょう。

　これらの背景を踏まえれば、営業（渉外）担当者が事前予約を必要十分に実施した後に顧客先へ訪問しても、顧客側の事情によって予定や見込みとは異なる対応を余儀なくされる可能性があります。例えば、以下の事由などが考えられます。

（想定例／順不同）
- 顧客の多忙を背景とした顧客の失念
- 顧客の多忙に伴う行動変更
- 競合先等から顧客に対するアプローチによる顧客側の認識・希望内容の変化
- 顧客先の情報収集による認識・希望内容の変化
- 顧客の属性の変更に伴うニーズの変化

　これらの結果、面談時間が予定よりも伸びたり、相手方に急な都合が生じ

PART4　訪問に先立った準備をしっかり行う

ることで空白時間が生じたり、突然に調査・分析・提案等が必要となることもあり得ます。その上で問題となるのは、たとえ顧客の多忙さや心変わりを原因として想定外の対応を強いられた場合であっても、その理由をもって他の顧客へのサービス低下には結びつけられないということです。

顧客は、あくまで（顧客）自身に対する総合的な現在価値をもって金融機関を評価し、当該評価と取引金融機関の選別は直結します。仮に、減点要因が他の顧客との対応に伴うことに起因するものであっても、減点は減点でしかないのです。顧客はそもそも移り気で、要求水準自体も黙って引き上げていくものであり、信用は一瞬で失墜しかねないものなのです。

よって、急な予定変更を見越した経路の確認や緊急連絡用の電話番号を控え、状況によっては積極的に活用することが求められます。遅れそうな場合にその旨の電話連絡を入れることは、社会人として求められる行動様式のうち必要条件に該当するとも思われます。

(2) 事例

折からの低気圧の影響のためか、朝から強い雨が降っていた9月中旬のある金曜日の朝9時過ぎ、たねまき支店の渉外係のスタッフが一斉に外出しました。進君の後輩の中野君もその一人で、雨の中を移動する形で複数の顧客先を訪問していました。そのうちのひとつである西国物産では、西国社長と面談する機会に恵まれました。

①西国社長	今日はわざわざ来てくれて、どうもありがとう。中野さんは、この後の予定はどうなっているのかな。今日は電車での来訪だったよね？ 　私はこれから車で出掛けるんだけど、雨もさらにひどくなったようなんで、もし良かったら同乗して行かないかね。

②中野君	そんなことまでお気遣いいただき、本当にありがとうございます。言い難(にく)いのですが、ご負担にならない範囲でお言葉に甘えさせていただければ、と思います。

　西国社長が運転する西国物産の社用車に同乗した中野君は、途中の「近代駅」でお礼を言って下車しました。

　ひと足早くたねまき支店に戻っていた進君のところに電話があったのは、その直後のことです。電話の声の主は中野君でした。

③中野君	大変申しわけないんですけど、「近代駅」から「現代駅」までの最短経路を至急調べてもらえませんか。
④進君	かまわないけど、どうしたの？
⑤中野君	西国物産を10時半には出ようと思っていたんですが、西国社長との話が弾んで、予定時間をだいぶ超過してしまったんです。本当なら国立ドラッグとの約束が11時からだったんですが…。 　ここから、国立ドラッグの最寄駅の「現代駅」までの経路がよく分からないんで、助けてください。
⑥進君	分かった、すぐに調べるよ。 　（調べながら）それにしても、何で経路が分からないことになったの？
⑦中野君	西国社長からの「車に乗せてあげる」という申し出に、断ったら心証を悪くするかと思いましたし、西国物産の最寄駅じゃあなくても、どこであっても駅に行けば何とかなるだろうって思ったんで、社長の「この辺で一番賑やかな駅で良い？」の問いにそれでかまわないって言っちゃったんです。 　ところが、実際に「近代駅」で降ろしてもらったら、路線が平行に走っていて近隣に交差する乗換駅がないですし、雨がひどいせいでタクシー待ちの行列も長くて…。

		それと、まだ連絡してないんですが、国立ドラッグに連絡しないとまずいんで、国立ドラッグ管理本部の電話番号も調べて教えてもらえませんか。
⑧進君		（調べながら）えっ！ もう11時半近くなのに、まだ連絡してないの？
⑨中野君		社長に送ってもらっている車内で、よそに遅れる旨をお詫びする電話をするわけにはいかなかったので…。 西国物産の最寄駅から、国立ドラッグ最寄りの「現代駅」までの経路は時刻表まで把握していたんですが…。 顧客管理カードを見て教えていただければと思います…すいません。
⑩進君		（調べを終えて）経路と連絡先は分かったけど、メモできる？

（3）事例から見る問題箇所

A⑤⑦共通：顧客予定先との（準備を含めた）連絡が不十分

　事業所を切り盛りするような顧客先実権者には、相応に個性の強い人物も多く、金融機関行職員に対し長時間にわたって繰り返し自説を語るようなこともまま見られます。顧客あっての金融機関ゆえ、こうした実権者の心証に配慮し、場合によってはこのような自説を拝聴せざるを得なくなり、当初の予定や見込み時間を超過する局面となることもあるでしょう。

　しかしながら、仮にそうした対応を余儀なくされても、他の顧客に迷惑をかけて良いはずがありません。まして、その次の訪問予定が時間を含めて具体的に決定しているような場合には、なおさらのことです。

　事例では、次の訪問予定先である国立ドラッグへの訪問を控えた中野君が、西国社長との会話が弾み、帰店や次の予定を切り出せなかった結果、退去予定時間を超過したコメントが見られます。西国物産に限らず、様々な事情によって、顧客先に当初の予想以上に長時間滞在することを余儀なくされることもあるでしょう。しかしながら、その際には、面談中の相手先にあらかじ

め断りを入れて面談を一時中座し、再調整のための電話連絡等を行うことは最低限のルールです。

また、こうした事態に備えて、前もって電話連絡先等を控えておく必要があることは言うまでもありません。

B ①②⑦共通：面談相手への申入れ不十分

強い雨が降りしきるような状況下で、車で外出する用事があった顧客からの同乗・送迎の申し出を金融機関行職員が甘受することは、社会的儀礼の範囲内と考えられます。それに伴って顧客の移動経路途中で降車するような場合には、当初の予定とは異なる経路での移動を強いられることもあるでしょう。その際、場合によっては交通手段を慌てて調べなければならない事態になるかもしれません。

と言うのも、鉄道やバス他交通機関についての特別なマニアでもなければ、広域都市圏の複雑な路線図が頭に入っていることはむしろ珍しいと思われるからです。側面的には、業務時間中に私用携帯電話・情報端末の利用を制限している金融機関も少なくないため、外出途中で調べる際にも制約が生じることもあるでしょう。

そうとなれば、上記を踏まえた対応が求められることとなります。つまるところ、必要十分な事前準備を行い、それでも準備範囲を超える事象への対応を余儀なくされた場合には、顧客への申入れを含む臨機応変な対応が避けられないのです。

"次の面談相手"が面談中の顧客にとっての直接の競合相手でもなければ、次の訪問先の最寄駅を顧客に伝え、経路を相談する程度の申入れを行うことに特段の支障はないと考えられます。相談の結果、顧客が運転経路を変更してさらに負担をもたらす可能性も否定できませんが、顧客側とて「ありがた迷惑」になることを望んでいるわけでもありません。

実務としては、優越的地位や顧客情報に配慮しながらも、常識・良識の範囲で相談を行うことが求められます。

C ⑦⑨⑩共通：チームとしての連携が不十分

中野君の国立ドラッグへの訪問予定時間は11時であったにもかかわらず、

11時半近くの時点になってもまだ、遅延する旨の電話連絡すら行えていません。

　本事例から、国立ドラッグへの訪問目的までは直接に読み取れません。しかしながらごく一般的に考えれば、金融機関営業担当者の来訪を待つ取引先顧客には、面談のための相応の理由があり、来訪に先立って相応の準備を行っていることが考えられます。それら事情を踏まえれば、遅きに逸したとは言え、各々の時点において可能な限り早期の電話連絡と訪問調整を行う必要があります。

　国立ドラッグとは、中野君個人が取引しているわけではありません。仮に、国立ドラッグとの取引経緯が、それまで取引がなかった中で中野君が開拓した事実があったとしても、その位置付けが何ら変わるものではありません。あくまでも「ヤルキ銀行たねまき支店を選んでいただいた顧客の一人（一先）」となります。その位置付けを踏まえれば、直接の営業担当者である中野君だけでなく、スタッフ全員で国立ドラッグに向き合う必要があり、緊急事態発生時であればなおのことその対応が求められるのです。

　事例では、中野君から事情を聞いた進君が中野君から求められるまま経路と連絡先を伝えようとしていますが、この対応は最善とは言えません。国立ドラッグまでの距離は徒歩圏内ではないため、何らかの交通手段を介する必要がありますが、タクシーが選択できない以上、電車やバスなど公共交通経由でということになります。電車やバスなどに乗車すれば、その間に携帯電話等を掛けることもできず、公衆電話から連絡することになれば、その間は電車やバスには乗れずにさらに到着が遅れることとなります。

　「緊急時なので乗車中に掛ければ良い」と考えられた読者がいたら、こうした身勝手な振舞いは間違いであることを改めて申し添えます。いかに緊急時と言えども、公共的な性格を持つ金融機関の行職員には、通常の社会規範以上の配慮や振舞いが求められるのです。自身の判断の誤りで顧客先への訪問が遅延する際の謝罪など、他者にしてみたら騒々しいだけの事象でしかないでしょう。例えば、心臓にペース・メーカーを装着した同乗者に、迷惑を掛けてまで許される活動ではありません。

以上より、国立ドラッグには、スタッフの連携による次善策を講じる必要があります。電話を受けた進君は、いたずらに時間を要する事情説明を聴くばかりではなく、中野君の面談予定者を優先して聴取し、中野君に経路を伝えてとにかく現地へ急ぐよう指示する対応が望まれます。その上で、中野君の移動中に中野君に代わって国立ドラッグの面談予定者に遅延の旨の電話連絡・謝罪を行うことが現実的でしょう。事例では、追い込まれた中野君が気が動転して冷静な判断能力を失っている可能性がありますが、進君までがそれに巻き込まれていてはフォローなどできません。

（4）本来なすべき活動

　自然人と法人の双方の「人」を相手にする金融機関行職員には、与信先の信用状態の急変や顧客に対する競合先からの条件提示など、状況の如何によって迅速かつ臨機応変な対応が求められることも少なくありません。たとえば、当初見込んだ面談時間とは異なる時間となったり、訪問順序を変更することを余儀なくされる事態となることは日常的ともなります。

　今なお「顧客が金融機関を選ぶ時代」であることに変わりはなく、顧客満足度を意識した活動が求められることは言うまでもありません。もちろん、すべての顧客に完全な満足を与えられることができれば非の打ちどころがありませんが、経営資源に限りがある以上、そうしたことは「絵に描いた餅」でしかありません。

　以上より、事前準備の段階で「ある程度の状況変化を見越した内容」を含めることが現実的となります。その中でも、経路・路線図や緊急用連絡用の電話番号の携行は、典型的なものとなります。

　別の視点では、店舗や金融機関全体のフォローアップ体制を構築し有効化を図る上では、営業（渉外）担当者の（事前）訪問予定や訪問予定先電話番号の共有化が望まれます。裏返せば、こうした情報の共有は、まさに緊急事態発生時に活用することを前提としたものであり、そうした際に活用しないのであればそもそも共有する必要がありません。

　なお、こうした情報共有の実態に言及した際に「コンピュータ・システム対応をまだ行っていないので」「人手が少なくて」等の逃げ口上を聞くこと

が少なくありません。しかしながら、システム投資は絶対的な必要条件ではなく、回覧板に必要事項を簡潔に書き込んで誰にでも見えるところに置くほうがときに有効になることもあります。また、少ない人手だからこそ、相互補完のための創意工夫が求められることとなり、直接の理由にはならないことを認識すべきです。

PART 5

有効な面談機会とする

　給与・年金振込指定や公共料金自動振替など生活口座指定、あるいは融資取引をはじめとして、顧客と金融機関の取引期間は長期に亘ることが珍しくありません。金融機関側としては、優良顧客と長期安定的な取引を行いたく、それを目標としているというのが本音でしょう。
　一方で、筆者が、そうした目標の実現のための実施事項を問うた際に、明確な回答を返答できる実務者は僅少です。課題を認識しているものの、それを実現するための行動には十分に反映されていない実態が窺えます。
　先んじて結論を述べれば、その実現のためには、所属や職位を問わず、役職員が一丸となって日常活動を充実させる以外に方法はありません。顧客が金融機関を選定する際には、その"総合成績"をもって行っています。評価箇所が無数に及ぶためです。
　上記のとおり顧客の評価は"連帯責任"形態となりますが、顧客との直接の接点部分を担う営業（渉外）担当者の責任は、当然に重くなります。中でも、面談に伴う対応は、顧客の期待を一心に受ける機会となるため、

極めて重要となります。有り体に言えば、長期安定取引を希望するならば、それだけの内容を毎回の面談に反映し、それを積み重ねて行かなければなりません。つまるところ、顧客にとって「有益」と感じるだけの面談時間にしなければならないのです。

しかしながら、特に面談相手が優良事業先のキーマンのような場合、営業（渉外）担当者に以下に示す悪しき傾向が見られます。

- 定例的に接触・面談していること（だけ）をもって安心する
- 面談時に自らの申入れを行い続けること（だけ）が肝要と意識・行動する

上記傾向の背景には、営業（渉外）担当者本人に加えて、本人に日頃から接する管理者・統括者の管理不十分が挙げられます。さらには、本部側の姿勢として、既存取引先の満足度よりも「新規開拓先数増加に伴う取引占有率（シェア）や分散」を重視する傾向が数多くの金融機関で見られることも無関係ではないと思われます。

14 備忘録・訪問カードへの面前記入について了解を求めたか？

（1）本書で取り上げる理由

　実態としては、顧客との面談時にノートなど備忘録や記録用の訪問カードなど必要・所定の文具・帳票を持参しない担当者は決して少なくありません。また、小型のスケジュール帳やメモ用紙、さらには未使用帳票の裏面に断片的な記述を行うケースなどもまま見られます。ひどいケースでは、持参せずその上メモを全くとらない担当者も散見されます。せっかく備忘録等を持参したものの、記述に先立って顧客等の面談相手に断りを入れ、了解を求めていないケースもあります。

　こうした営業（渉外）担当者の実態についての営業（渉外）担当役席者の理解度は、個々人により大きな開きが見られます。担当者に対する日々の行動観察・動向聴取が不十分なため、原始的に実態を理解していない役席者も少なくありません。一方で、実態そのものは理解していても、問題意識・認識の欠落もしくは不十分さにより、必要十分な注意喚起を行わない役席者も決して珍しくないのです。

　しかしながら、顧客目線で捉えても、面談時の備忘録等への面談内容記入・記録は有効・必須と考えられます。もっと言えば、顧客との信頼関係の醸成にも欠かせません。そして、記述に先立った断りの「ひとこと」がそれをさらに有効化させることを理解した上で、着実に実行することが求められます。

（2）事例

　徐々に暑くなってきた6月中旬の金曜日、店舗外への営業（渉外）活動に出向いた進君は、午後の最初の訪問先として立川専門学校を訪ね、立川事務長と面談を行っていました。主な訪問目的は、前期決算概要と今期以降の

設備投資見通しを聴取し、合わせて決算書の写しを受領することでした。そもそもは、午前中に翌週の面談予約をまとめて行っていたところ、立川事務長から「昨日決算書ができあがったので税務署に提出した」とのコメントがあり、慌てて当日の面談をお願いしたものです。

電話をしてからそれほどの時間が経たない中での訪問であったにも関わらず、立川事務長は相応の分量の決算書を付属明細書も含めてすべてコピーして待機してくれていました。進君のお礼から始まった面談は、相応の時間に及びました。

①立川事務長	まさか、今日すぐに来られるとは思ってもみなかったです。	
②進君	今は金融機関同士の競争も激しく、うかうかしていたらライバル達に出し抜かれてしまいます。 お忙しい中でせっかくの機会を頂戴したので、しっかり聴いて頭に入れたいと思います。よろしくお願いします。	
③立川事務長	まずは、お掛けになってください。（事務員がお茶を運んで来たのに合わせて）どうぞ。 （専門学校の名前が印刷された外袋から出しながら）こちらがご依頼の決算書になります。	
④進君	（着席と同時に）ありがとうございます。（テーブル上に商品パンフレットやノート・筆記具を出しつつ）ご配慮に改めてお礼申し上げます。	

立川事務長と進君は、応接室内でテーブルを向かい合う形で着席することとなりました。面談の主要テーマが、前期決算に関する解説であったため、進君も拝借したばかりの決算書を見ながら立川事務長の説明を聞き入るだけ

で、特段のメモ等は行いませんでした。そんな進君の様子を見て、説明を行っていた立川事務長の顔色に、次第に不安の色が示されてきました。

その後、立川事務長からの説明が一段落しました。

⑤立川事務長	今の説明で、ご理解いただけましたかね。特に何も書かれていないようでしたが…。
⑥進君	大丈夫です。ご説明により要点が十分認識できました。足りないところは、さらに勉強させていただくこととさせていただきます。
⑦立川事務長	今日はこれから、どんなご予定なんですか。
⑧進君	こちらの学校での終了時間が見込みよりも早かったので、こちらを失礼させていただいた後に、そのままお客様のところを中心に10先ほどを訪問させていただこうかと考えています。 実のところ、特にアポイントメントは取っていないんですがね。
⑨立川事務長	そんなにたくさんですか…。 当社のほうは、大丈夫ですか？
⑩進君	はっ？ ご心配には及びませんよ。これでも、ガッツだけが取り柄です。 それでは、申しわけないですがまた分からないところがありましたらお聞きしますので、今後ともよろしくお願いいたします。

（3）事例から見る問題箇所
A ①②共通：金融機関側の都合を押し付け過ぎ

進君の訪問に対する立川事務長の発言からは、文字どおりの意外性が窺えます。この意外性には、必ずしも歓迎や満足の意図だけが含まれているわけではなく、「本心としては敬遠したい」「ありがた迷惑だ」という意図が含まれている可能性をも慮る必要もあります。これまで述べてきたとおり、現代

人は総じて忙しい上、事業所のキーマンであればなおのことそうした傾向が強まるからです。

　加えて、心情として「歓迎する」意図を持っていたとしても、金融機関行職員に面談すれば、その間は他のことができないこととなります。ましてや、ようやく決算書の作成・提出を終えたような時点であれば、その間に先送りにしていた様々な業務・仕事を片付ける必要があることも想像に難くありません。

　本事例では、進君が電話での訪問予約を行う段階で、決算書の写しを借りたい旨の申し出を行ったことが見受けられます。そうした対応は金融機関実務者の対応手順としては適切なのですが、言われた側にとっては（コピー作業に伴う）さらなる負担増を意味します。

　顧客ほか金融機関の取引の相手方にとっては、金融機関はいざというときの金策の相談相手に他なりません。現段階で借入れを行っていないような先であっても、将来に不安を抱かない実務者などいないのです。よって、「金融機関側と揉め事は起こしたくない」「無理のない範囲ならばなるべくうまくやりたい」という本音を持つ事業者は少なくないと考えるべきです。

　そうした背景を鑑みた上では、進君の発言は無邪気に過ぎると言わざるを得ず、「自分や自分（達）の都合しか考えていない」と取られても仕方がありません。公共的な性格を持つ金融機関の行職員には、常に顧客の視点に則って顧客の心情・真意を忖度する姿勢が求められますが、本件のように急な依頼をする場合であればなおさらです。無邪気に自身の動機を述べるのに優先して、まずはご負担をお掛けし、時間を割いていただいたことにお詫びやお礼を行うべきとなります。

B④：備忘録への記録を取らせていただくための"お断り"がない

　本欄の主要テーマとなりますが、本事例では、備忘録・訪問カードへの面前記入に先立ったお断り・事前照会がなされていません。

　有効な面談機会とするためには、面談実施時はもちろん、実施後にも面談時に得た情報を適切・有効に利活用できることが当然に望まれます。他方、いくら懇切丁寧な顧客であっても、発言する内容のすべてを差し出す資料等

にあらかじめ含めていることはないので、金融機関側でも何らかの記録を行うことが有効となります。そして、記録を行う際には、それに先立って面談相手への事前の申し出（お断り）を行うことが必要となります。

ⓒ⑥⑧⑩共通：面談相手の説明への敬意が不十分

　金融機関の商品・サービス利用の必要条件とは言え、顧客にとっては金融機関との面談ほかやり取りは、決して楽しいばかりのものではありません。ただでさえそうした感情を持つ中で、先んじた準備や当日の対応にも相応な負担も掛かります。そして、貴重な時間をそれら対応に割く理由は、何を置いても融資ほか商品・サービスを利用しようという意向があるためです。

　金融機関側の実務対応としては、顧客側に面談ほかを依頼せざるを得ないものの、それを「当然のこと」と認識する姿勢では、相手に傲岸不遜な印象を与えるばかりとなります。（特段のメモを取らない一方で）進君からは、以下の発言が見られますが、いずれも首を傾げたくなるものや、自分勝手で金融機関側の都合を押し付けるものと取られかねません。

・足りないところは、勉強させていただきます
・こちらの学校での終了時間が見込みよりも早かったので（中略）そのままお客様のところを中心に10先ほどを訪問させていただこうかと
・アポイントメントは取っていないんですが
・ガッツだけが取り柄
・分からないところがありましたらお聞きします

　立川事務長側では、相応の事前準備を経た上でわざわざ時間を取って内容説明を行ったわけです。よって、金融機関つまりは進君側に（格付けなり自己査定なり）所与の対応を速やかに実施し、商品・サービス利用に支障がないようにして欲しいというのが本音でしょう。それに対して、相手の意向を汲むことなく、自身の動向を天真爛漫に語るばかりの姿は、時に不快感を与えかねません。

（4）本来なすべき活動

　実態として、一部には「顧客との面談時にメモを取るのは失礼に当たる」あるいは「メモを取るのは後ろ暗い」という認識や潜在意識を持つ金融実務家も散見されます。しかしながら、思想・信条についての意見はさておき、金融実務上は備忘録ほかへのメモ書きが不可欠です。また、それに先立った面談相手への"お断わり"を発することがベターでもあります。

　最初に"お断わり"を述べる主な理由は、あらかじめ許してもらうという儀礼（マナー）上のものということだけではありません。むしろより重要なのは、ⓐ自身に対する（しっかりと記述することを宣言する形での）戒め、ⓑ面談相手との間での適切な緊張感の形成、の二つにあります。

　言うまでもなく、そもそも、人間の記憶力・容量には限界があります。ましてや、連日一定の訪問先数等の確保・実践を義務付けられた営業（渉外）担当者であれば、なおさらのことでしょう。また、経験者にはご理解いただけることと思いますが、様々な媒体に録音されたデータをもとに記述する「（いわゆる）テープ起こし」は、非常に長い時間を必要とします。よって、顧客ほかとの面談内容のすべてを「テープ起こし」で対応することは現実的ではありません。これら実態を鑑みても、メモ書きは避けられないのです。

　顧客にしてみても、金融機関側の対応が不十分のために何度も同じ話をさせられる事態は、好ましいはずがありません。だからこそ与信判断などに聴取内容を有効に反映させることは絶対的に必要であり、それゆえに面談を避けることもできません。それであれば、顧客側に余分な負担を掛けぬよう、適切なメモ書きを行うことが配慮としても求められるのです。

　以上より、金融機関側・顧客側双方にメリットのあるメモ書きは絶対に必要であると認識し、面談相手に断った後に堂々と記入する姿勢が求められます。ごく私的な話となり恐縮ですが、筆者が1990年代に金融業界に身を投じてから既に20数年が経ち、その間顧客面談時に当該姿勢でメモ書きを続けていますが、それを理由に顧客とトラブルになったことはこれまで一度もありません。

　なお、お借りした決算書（自体）にいきなりメモを行ったり（＝直接の記

入をしたり）、顧客の施設内で断りなく写真を撮影するような行為を示すほうが、むしろメモ以上に顧客側の心証を害すことを申し添えます。場合によっては、これらのほうがずっと大きなトラブルにもなりかねないことを留意しておくべきです。

PART5　有効な面談機会とする

15　先方発言を漏れなく記入できたか？

（1）本書で取り上げる理由

　実際のところ、顧客や予備軍との面談時に、先方に"お断り"を行った上で備忘録や記録用の訪問カードを机上に置くことまではできても、会話内容の記録実態には担当者個々人によって大変な開きがあるのが実態です。

　その理由も様々なものが挙げられます。意見交換に熱中し、いつしか身振り手振りを交えてしまい、記述するどころではなくなってしまうこともあるでしょう。また、面談相手の会話速度が速かったり、内容につかみどころがなかったりすることで、スピードに追いつけなかったり記載表現に戸惑うこともあるでしょう。さらには、何らかの理由により先方を立腹させてしまい、記録どころではなくなってしまうかもしれません。

　営業（渉外）担当者による顧客ほかとの面談時には、時候の挨拶や定型的なお願いセールスだけにとどまらない対応が求められます。具体的には、直接の意見交換ならではの信頼関係を醸成することが望まれ、同時に、可能な限り正確で詳細な応対記録の作成も求められます。

　個人差はあるものの、人間の記憶力や容量には限界があるため、一定の分量や時間を超過した時点で会話内容が溢れてこぼれ出たり、不明瞭に霞んだりする事態となります。面談時間が長期化すればするほど、過去の発言・やり取りとの関係性が複雑になる一方で、聴いたこと自体はどんどん忘れていくことが一般的です。聴取時点では「流れを遮りたくないので」「書き切れないので」等の理由で「後で書こう」と考えるかもしれません。しかしながら、当たり前のことではあるものの、書くためにはその時間が必要で、実際のところは「書けなくなる」事態に陥ってしまうのです。

　つまるところ、営業（渉外）担当者には、「聴取時点で先送りにしない

"応対しながら記録する" 対応」が求められます。すなわち、そのための具体的な技術を身に付けなければならないのです。本書の読者各位には、その重要性を改めて認識願います。

(2) 事例

　5月の連休明けの午後、かねてからの親密取引先・業況好調先であるヒノホームセンターを訪ねた進君は、前期決算の振返りと今期の戦略について、日野社長から直接説明を受ける貴重な機会を得ました。生活雑貨一般を取り扱うヒノホームセンターは近年の成長が著しく、現在、ホームセンター業界内でも特に注目される企業となっています。

　こうした中で進君は、数多くのライバル金融機関から一歩先んじようと、一連の決算対応が終了した時期を見越して訪問予約を依頼し、今回の実現に漕ぎ着けたのです。忙しい社長の貴重な時間を頂戴する形での面談機会ゆえ、進君は定石どおり先んじてメモを取る旨を告げました。本欄の例示はやや長くなりますが、そのまま掲載します。

①進君	今年度の業務展開などをお聞かせいただければ有難いのですが。どのような施策を考えられ、あるいは既に実施されているのでしょうか？
②日野社長	日頃お世話になっている金融機関の皆さんへの説明時間すら十分に確保し切れないことには、私自身も苛立ちを覚えています。ですので、本日は順を追って可能な限り丁寧に説明させていただきます。 　今期につきましても、やはり企業である以上は、業績伸張を目指すことに変わりはありません。相変わらずの景況の中での小売業の方向感は、やはり"原点回帰"を目指すべきだと考えています。私自身は、小売業の原点を「顧客の必要な商品を、選択権つまりは選

	ぶ楽しみを与えながら提供する機会を与えること」と整理しています。このため、今期の基本戦略を、前期と同様に"ハードとソフトの充実"と定め、これを共通の標語として従業員通用口に掲示することとしました。
③進君	私どもで、何かお役に立てることはありますか？
④日野社長	今期につきましても、小売業界の半永久的な課題である「品揃え」と「適時適切で時宜を得た商品提供」の解決・実現を目指し、既に各店舗に指示・令達を行いました。これらの解決・達成のためには、「商機をどう読み込むか」と「顧客の潜在ニーズに即応できる自律した従業員をどれだけ多く育成できるか」の実現が不可欠と捉えています。 　まず前者につきましては、前江さん（＝進君）もよくご存知のとおり、日本では豊かな四季を楽しむことができますが、その分だけ季節商品の仕入れや調達先確保は難しく、常に頭を悩ませています。また、売り場面積には限界がありますので、いつものことながら取扱時期をどう見切るかについても非常に逡巡します。中でも、大きく分ければ夏物から秋・冬物への入替え時期には悩まされますね。 　後者につきましては、特に当社では従業員に占めるパート・アルバイト雇用比率が高く、勤務時間も均一でないため、指導・育成対応も自ずと複雑にならざるを得なくなることが悩みです。商品が多様化する一方で、各商品の寿命はどんどん短くなっていますので、これら商品各々の特徴や注意事項を熟知する必要が生じることはもちろん、事務機器の取扱いや臨機応変な応対話法の修得ほか、啓蒙や訓練機会はいくらあっても足りません。 　また、管理者には、従業員個々人の修得実態把握と、それに基づいた適切な補完行為の実行が求められますが、そのための管理者に向けた能力開発も必要となります。場合によっては、これらを効率的・効果的に実

		施するための設備も必要となるかもしれません。 　身勝手な要望としては、金融機関側には単なる資金対応のみならず、これら課題への解決の一助を期待しているというのが本音ですね。
⑤進君		事業に伴う資金計画、もっと言えば資金が必要となる時期などはありますかね。
⑥日野社長		（怪訝そうな表情とともに）それについては、先ほど申し上げたとおりなのですが…。 　どこか分からない箇所がありましたか？ 　メモはされなかったのですかね？
⑦進君		先ほどお願いさせていただきましたとおり、備忘録にメモはさせていただいておりますが、特にポイントを絞って対応させていただいておりますので。
⑧日野社長		ポイントと言われましても…。 　今日の話はすべて大事な話だとご理解いただきたいのですが。
⑨進君		それでは、「ここがポイントだ」とされる箇所をご説明いただけますかね？
⑩日野社長		えっ…（絶句）。

（3）事例から見る問題箇所

B③⑤共通：記述対応が不十分

　本事例では、あえて長文を記載しましたが、経営トップ・実権者が語る経営計画・理念等は極めて重要な意味を持ちます。なぜなら、取引先・顧客ほか外部関係者や、従業員ほか内部関係者がそれら計画・理念等の内容に賛同・共感できるか否かにより、業績全体が大きく変動するからです。その意味でも、経営トップ・実権者自身の解説はまたとない機会であり、発言のすべてが最重要とも言えます。

　営業（渉外）担当者には、こうした機会を絶対に有効化させる創意工夫が求められます。極論すれば、ひと言も聴き漏らさない・書き漏らさない対応

が望まれることとなるのです。実務的には、先方の発言等のうち不明瞭な箇所について追加の照会・解説を依頼することや、メモを取り切れない場合に（記述のための）時間的猶予を要請することなども必要となるでしょう。

これらの要望にとどまらず、公開情報等を中心に「調べられることはすべて調べる」過程を経た上で、的確な質問・意見や説明意欲を沸き立たせるコメントを差し挟むことができれば理想的です。そうした対応に誘発される形で、経営トップや実権者の本音が把握できれば、さらに望ましいからです。

進君は、上記事項への重要性認識が不十分と言わざるを得ず、やや機械的に資金ニーズだけを照会しています。これでは、話し手に意欲を沸き立たせるどころか「自分（達）のことしか考えていない」と取られかねません。

■⑤：先方発言への注意力が欠落

事例での日野社長は、④において非常に重要度の高い発言を示しています。そのうち、特に重要と思われる該当箇所を、以下に下線で示します。

> その分だけ季節商品の仕入れや調達先確保は難しく、常に頭を悩ませています。また、売り場面積には限界がありますので、いつものことながら取扱時期をどう見切るかについても非常に逡巡します。中でも、大きく分ければ夏物から秋・冬物への入替え時期には悩まされますね。
> （中略）
> 啓蒙や訓練機会はいくらあっても足りません。
> また、管理者には、従業員個々人の修得実態把握と、それに基づいた適切な補完行為の実行が求められますが、そのための能力開発も必要となります。場合によっては、これらを効率的・効果的に実施するための設備も必要となるかもしれません。
> 身勝手な要望としては、金融機関側には単なる資金対応のみならず、これら課題への解決の一助を期待しているというのが本音ですね。

前段部分では、販売商品の仕入れに関する悩みについて言及していますが、仕入れには支払いがつきものであり、資金繰りと直結します。営業（渉外）担当者であれば、典型的な運転資金ニーズと認識できなければなりません。

また、「夏物から秋・冬物への入替え時期」なる発言が見られますが、率直に言えば、秋になってから仕入れを行っていては「とき既に遅し」です。つまるところ、「如何に上手に先んずるべきか」がカギとなりますが、夏の早い段階から仕入れを行うこととすれば、一般的には賞与の支払時期とも重複します。そうなれば、資金需要発生の可能性が一層高くなります。

　さらに、中略を挟んだ後段部分では、従業員の育成・能力開発に話題が及んでおり、研修施設等の設備投資の可能性についても言及しています。これに伴って、設備資金ニーズが発生する可能性があるのです。末尾部分では通常の金融機関取引に加え、情報提供等を期待する直接的な発言が見られます。

　つまるところ、よくよく注意深く聴けば、（メモ書き云々は別として）日野社長からは数多くの意を含んだメッセージが発信されていたのです。営業（渉外）担当者である進君としては、これらに気付かなくてはなりません。本事例のような業況好調先の場合には、経営者・実権者が競合先金融機関担当者等に対して同様の説明を実施し、各々の反応を注視している（＝担当者の能力を比較・評価している）可能性もあることを申し添えます。

C⑦⑨共通：面談相手の説明への敬意が不十分

　上記A欄とも一部で共通する指摘事項となりますが、法人組織で最も多忙なのは経営者・実権者であり、「気の休まる暇がない」「やることが山積している」という姿が平均像となります。このように多忙な経営者・実権者が、貴重な時間を割いて金融機関と応対するのは、それ相応の理由があるはずです。すなわち、金融機関側の（広い意味での）審査をパスしなければ、融資取引をはじめとする商品・サービスの利用ができないことや制限が加えられかねないことを熟知しているためです。

　営業（渉外）担当者ほか金融機関役職員は、それをただ「よそも同じ」「当然のこと」と受け止めるばかりでは、感（受）性に欠けると言わざるを得ません。金融機関の姿勢を批判した書籍・文書、さらにインターネット情報はかねてより数多くが発表されていますが、以下のようなコメントを目にしたことはないでしょうか。

・晴れたときに傘を差し出すくせに、いざ雨が降ると引っ込める
・他人の褌(ふんどし)で相撲を取る
・小額預金者を相手にしない

　率直に言えば、批判内容は玉石混合であり、十分に理解できないものや首を傾げざるを得ないものも入り混じっています。この一方で、本質を突いた傾聴に値する意見も少なくありません。金融機関は紛れもないサービス業であり、顧客の意向を無視して経営し続けることはできません。ましてや、本邦金融機関に金融システム安定化を名目に公的資金が注入されてから日が浅く、その一方で、今なおオーバー・バンキング下にあると言われてもいます。つまるところ、「顧客に選ばれること」が生き残りの可否に直結する環境下なのです。

　これらを踏まえれば、営業（渉外）担当者には、金融機関を見つめるこれらの"外部の目"を意識し、批判をただ受け流したり反証したりすることなく、自ら襟を正す姿勢が求められます。上記**B**欄でも触れましたが、経営者・実権者に敬意をもって接し、発言を注意深く聴取すること、などは当然にやらなければならない事項に該当します。

　本事例での進君は、日野社長の発言を注意深く聴かず、メモも不十分であるだけではなく、「ポイントを絞って」「『ここがポイントだ』とされる箇所をご説明いただけますか」なる発言すら見られます。ここまで行くと傲岸不遜の域にすら達する水準であり、言語道断と言えます。

（4）本来なすべき活動

　若年層に属する営業（渉外）担当者をはじめ、経営者・実権者に向き合って事例のような淀みない発言を実際に耳にした際に、どこまで記述が可能でしょうか。「見るのとやるのとでは大違い」「思い込みと実態には大きなかい離」の中で、対象者への定期的な検証も必要となります。

　ここで理解いただきたいことは、2点に要約されます。すなわち、①面談者の発言は可能な限り漏れなく記述することが望ましい、②漏れなく記述するためには相応の技術が必要となる、ということです。

最初に、前者①の理由や背景を以下に補足します。

（順不同）
・顧客との関係は「組織（全体）対組織（全体）」であり、それゆえに面談の目的はその場での信頼関係醸成のみならず、収集データの共有・（二次）活用を図ることも非常に大きい
・近時の金融機関の商品・サービスの対応範囲は非常に幅広く奥深くなっており、それに従って顧客からの要望も多様化・深化している
・（実態として「ポイントだけ記述する」という意見を発するズレた実務家が多い一方で）「どこが（一番の・本当の）ポイントであったか」は全体像を捉えて初めて分かるものである

芸術の鑑賞時であれば、自身の感性を揺さぶったり琴線に触れたところだけに着目したり記憶すれば良いのでしょうが、金融実務では「漏れのない対応」が求められるのです。

次に、後者②の技術論として認識し具備すべき理由を補足記入します。

・実際のところ金融実務者には漏れのないメモ書きを行った経験のない者の割合が少なくなく、それゆえに自身での対応水準（＝技術）を認識していない実務家も多い
・他の多くの（金融実務上の）技術と同様に、修得には「向き合うこと」「やり続ける中で創意工夫を加えること」が必要となる一方で、その認識を具備していない実務者も多い
・対象となる技術には、いわゆる速記だけではなく、「会話と記述の両立」や「（聴き取れなかった・理解不能だった・書き切れなかった箇所への対応に纏わる）上手な声掛け」等も対象となる

最後の部分についての代表的な口上を書き添えます。こうした口上が円滑に発せられるためには、自身のものとして血肉化することが望まれます。

- 「申しわけございませんが、聴き取ることができませんでしたので、もう一度おっしゃっていただけますか」
- 「非常に重要なご説明内容であり、急いで書き留めます。恐縮ですが、少しだけお時間を頂戴できますか」

16 "宿題"は貰えたか？

（1）本書で取り上げる理由

　現在の金融機関を取り巻く環境を勘案すれば、各金融機関各々の営業（渉外）担当者に課せられた目標は、新規融資先開拓あるいは収益獲得・増強が中心あるいは最重要事項となっていることと思います。長引く不況感の中で、事業者や個人が借入れによる資金調達に躊躇し市場全体が冷え込んでおり、お互いに同じような目標や活動が課されているわけですから、自ずと競争は激しくなります。

　それでも、生き残りのためには競争に打ち勝っていかなければなりませんから、顧客先との面談の積み重ねほかによる信頼関係の構築が必要となります。融資をはじめとする金融機関取引には、審査・事務手続き・中間管理など、顧客との多数のやり取りが必要となり、実態上も「一度の面会で完結」することはまずありません。

　これらを背景に、営業店長ほか統括者、役席者などの管理者を中心に、営業（渉外）担当者に対して、1日・1週・1ヵ月あたりの訪問先数管理等が実施されています。先数を確保することで、「行かざるを得ない」状態とすることを目的とする施策です。

　営業（渉外）担当者にしてみれば、こうした状態は辛いことこの上ありません。町丁字等で担当区域を定められている中で、当該区域内を毎日絶え間なく訪問し続けなければならないわけですから、恨み言のひと言も言いたくなることでしょう。このうち開拓活動に着目すれば、初回の訪問も辛いでしょうが、それ以上に辛いのは2度目となる再訪問時ではないでしょうか。初回訪問時に「よそで間に合っている」「用があるときはこちらから連絡する」と言われている中で、重ねて訪問することが強いられれば、さらに苦し

くなることは想像に難くありません。

　それでは、そうした"辛さ"や"苦しさ"は、なぜもたらされるのでしょうか。考えられる一番の要因は、面談対象先が希望しない中で面談を依頼せざるを得ないことだと思います。自身の都合ばかりを押し付けることは、実施している側にとっても辛いだけでなく、一方的な関係が長期安定的に継続することがないということも定石どおりです。

　以上を踏まえれば、面談を希望する対象先に対し、面談を希望する"動機"を保有してもらうことが、"辛さ"や"苦しさ"を解決する一助となります。金融機関側には面談したい動機がありますので、同様に先方に保有してもらえれば、関係が双方向の形態に変化するのです。

　その典型は、先方から"宿題"を貰い、その結果を報告することでしょう。情報化社会に生きる現代人は総じて多忙であり、また、法人組織の経営者・実権者は各々の組織内で最も忙しい存在です。このため、「調べたい」「考えたい」と思いつつも先送りしている事項があることも想像に難くありません。こうしたニーズに応えることができれば、面談対象者から喜ばれることになるのです。

　このような"宿題"を巡るやり取りは、実務書や実用誌等にかねてより紹介されるなど、その手法についても既に一定の認知度が見られます。他方、営業店長ほか店舗統括者、役席者など管理者が、"辛さ"や"苦しさ"を精神論だけをもって克服すべく指示・命令を行う姿も珍しくありません。顧客先の実態やそれに応じた対応策など、手法まで踏み込んだ指導・示唆等を行うことなく、ただ無策に「とにかく行け」「それが仕事だ」とばかり命じる姿は、読者の皆さんの職場には見られないでしょうか。

（２）事例

　たねまき支店では、かねてより第１・第３水曜日を"ノー集金！開拓・深耕デー"と銘打ち、各営業（渉外）担当者が新規開拓・取引深耕に専念することと定めていました。

　そんな該当日のある日、（進君の後輩に当たる）サポート担当の中野君は、ちょうど１ヵ月前に初めて訪問したトヨダ電工を訪ね、豊田社長との面談

を図ることとしました。豊田社長は、数年前に実父である先代から代表者の座を受け継いだ後、業務の多角化を図って業績を着々と伸張させている若手のやり手社長です。

　事前予約（アポイントメント）なしでの訪問・面談は難航したようです。

①中野君	社長にお会いできて大変有難い限りです。本日は、事業者の皆様向けのお得な小口ローンのご案内をさせていただきたいと思い、勝手ながら寄らせていただきました。
②豊田社長	前回も申し上げたとおり、金融機関との取引については既存先で間に合っており、特に不便は感じておりません。 　また、もし何かをお願いする際には、こちらからご連絡差し上げるとお伝えしましたよね。
③中野君	私どもといたしましては、何とか御社のような成長著しい企業と是非にお取引願いたく、いてもたってもいられなかったというのが本当のところなんですが。
④豊田社長	そのようにお考えいただいていることは大変光栄なことで、改めて御礼申し上げます。しかしながら、わが社の事業規模はまだそれほど大きくなく、金融機関の数を増やして調達を多様化することは考えていません。 　その主な理由は、増加に伴って相応の業務負担が発生するためです。
⑤中野君	最初から大きな取引をお願いしたいわけではなく、小口から始めさせていただければ、と思うのですが…。
⑥豊田社長	わが社では、あくまで"身の丈"に合った範囲での活動を行うこととしていることは、前回ご説明したと

		おりです。これは、金融取引のみならず他の分野でも全く同じで、それをモットーにもしています。
ですから、取引の規模の問題ではないのです。
⑦中野君		御社の現在の業績伸張ぶりは目ざましく、電気工事業界はもちろん、異業種からも御社の技術力や多角化の着眼点を評価する声は少なくありません。
その意味でも、まだまだ技術力等を活かす局面が多方面で期待できるのでは、と思うのですが。
⑧豊田社長		前回もそのようなお言葉を頂戴しており、重ねて御礼申し上げます。しかしながら、私としては、今なお"身の丈"が徹底されていないと捉えています。
むしろ、まだまだ無駄な部分も多く、わが社の実態に合わない投資や購買行為も少なくないのです。おっと、これについても前回お話ししていましたね。
後は、何かありますか？
⑨中野君		そう言われますと、特には…。
⑩豊田社長		分かりました。本日はどうもありがとうございました。何かお願いすることが生じましたら、改めてこちらからご連絡させていただきます。

（3）事例から見る問題箇所

🅰①：事前予約（アポイントメント）なき訪問はビジネスマナーに反する

　営業（渉外）活動ほか金融機関の活動は、あくまで顧客に喜ばれ、その結果「選ばれる」ためのものでなければなりません。

　事例での中野君は、たねまき支店での"ノー集金！開拓・深耕デー"に則った開拓・深耕活動の一環としてトヨダ電工を訪ねています。しかしながら、それはあくまでも金融機関側の意向・都合であり、顧客側のニーズとは必ずしも一致しません。「予約が取れないので、直接訪問する」旨のコメントを実務者から聴くことは珍しくないですが、予約が取れない背景に歓迎さ

れない事情があるとすれば、直接訪問したところで事態は何ら変わりません。

　言うまでもなく、事前予約なき訪問は一般的に歓迎される行為ではなく、むしろ、マナーに反する減点要因が加算されることを意識すべき行為です。まして、多忙な経営者・実権者であれば、なおさらのことです。

B①：「金融機関側の都合による押売り」と取られかねない

　中野君からは「事業者の皆様向けのお得な小口ローンのご案内をさせていただきたい」「勝手ながら寄らせていただきました」なる発言が見られます。これらはいずれも金融機関側の本音であり、その意味では誠実とも言えますが、顧客の意向とは直接関係のないものです。率直に言えば、状況によっては怒りを増幅させかねないものと注意すべきです。

　営業（渉外）活動の上では、あくまでも顧客側のニーズに応えることを第一とすべきです。実務的には、「御用聞きにまいりました」の姿勢を示すことも一案となります。

C①⑤⑦共通：前回と同じ説明をさせる結果に至っている

　②⑥⑧の豊田社長の発言には、いずれも「前回既に説明しているとおり」の旨が含まれています。こうした発言を引き出す契機となっているのは、それ以前の中野君の発言なのですが、この言葉がもたらされている理由はただひとつと考えられます。すなわち、中野君の発言が前回と同様、もしくは代わり映えしないということです。

　前回と同じような発言をただ時間を置いて繰り返しても、熱意だけでは顧客の心は必ずしも動かせません。つまるところ、問題の本質は、以下の"準備"が不十分であることなのです。

- 前回の訪問時に得た相手の反応や感触を捉え、先方ニーズを再考すること
- （前回対応時には漏れていた分を含め）公開情報等を丹念に追うことで顧客側の実像を把握すること

　突き詰めて言えば、面談の正否は、事前準備の充実度に左右されます。つまるところ「会う前の段階でほぼ決まっている」ところがあるのです。

PART5　有効な面談機会とする

　事例の中野君は、豊田社長の「前回既に説明しているとおり」の旨の発言に対し、建設的な意見を挟むことはもちろん、お礼や謝罪等の反応も示せていません。これは、準備不十分な中で顧客に接したため、そうした反応を行う余裕もないことを逆説的に証明してもいるようです。

D⑦⑨共通：前回の訪問時に"宿題"となる示唆を受けていながら（宿題に）昇華できていない

　豊田社長の⑥⑧等の発言には「（金融機関取引を含め）堅実経営を目指す」「実態に合わない投資や購買が散見される」ことが含まれ、それらについて前回面談時にも言及していることが窺えます。

　有り体に言えば、当該発言は"宿題"として持ち帰ることが可能となります。ごく一般的な"回答"としても、以下のような情報提供が考えられます。

・（トヨダ電工の所属する）電気工事業界における資本や売上げなどと対比した投資額の比率を「規模や内容の優劣」等の属性で区切った形で情報提供する
・「事務や管理負担が相対的に軽い購買価格の引下げ手法」を調査し情報提供する
・不動産賃借情報や人材採用方法等を調査し情報提供する

　この一方で、中野君の発言には情報提供に関する事項は全く含まれず、原始的な感(応)度や問題意識が欠落している恐れがあります。また、可能性としては、前回面談時に豊田社長の発言を漏れなく書き留め、上席者への報告を通じて注意喚起される中で次回（＝すなわち今回）に備える過程も十分に行っていないことが考えられます。

E③⑤⑨共通：（今回の）面談時発言が"宿題"にできる点についてできていない

　上記Dとも内容面で一部重複しますが、豊田社長の発言には、そのままで"宿題"となるものや、（中野君が）一歩踏み込んだ発言を行うことで"宿題"化が見込まれる要素が包含されています。

　一方、③⑤では取引を依頼する、もっと言えば懇願する発言を行い、⑨で

123

は何も発言らしい発言を行っておりません。営業（渉外）担当者の感(応)度としては低いと言わざるを得ず、背景には"宿題"の重要性に対する認識の不十分さが窺えます。以下に、一歩踏み込む際のごく簡単な口上を例示します。

- 今おっしゃられたことについて、私のほうで調べさせていただくというのは如何でしょうか
- 確約はできないのですが、それについて、私のほうで改善原案のようなものを考えてみてもよろしいでしょうか

（4）本来なすべき活動

　新規開拓のみならず、取引深耕や実行後の（与信先等の）事後管理にあたっても、金融機関行職員が顧客と何度も接触し、面談等を通じて様々な実態を把握することは必要不可欠です。その意味でも、顧客ほか面談相手から"宿題"を受領し、これに返答するという口実を得ることは典型的な面談動機となります。

　（3）で示した事例では、"宿題"とするための感(応)度や先方への口上などを主題に取り扱いましたが、実際に顧客とやり取りする際には、それ以外の範囲も問題となります。既にそうした経験をお持ちの実務家も少なくないことと思いますが、典型的な一例は、先方から対応の難しい"宿題"を投げ掛けられることでしょう。

　実際のところ、こうした申し出は、金融機関側からの（"宿題"を頂戴したいという）申し出の有無を問わずに投げ掛けられます。面談の申し出や御用聞きの際に「間に合っている」旨を告げられることも辛いですが、「難しいでしょうが考えてください」「対応できるようなら取引を考えます」と言われるのも辛いものです。

　こうした際に問題となるのは、難題を投げ掛けられることでかえって足が遠のいてしまうことであり、そうした事態は絶対に避けなければなりません。事業者を例にすれば、そもそも、わが国全体が成熟している中で、各業界内で成長している・生き残っているような該当先は創意工夫を行っていて当然

と見込まれます。そうした先が金融機関に求める対応水準も低かろうはずがなく、その結果、当然に要求も高度化します。そうした事態が、むしろ当然と考えるべきなのです。

　原理原則に遡れば、"宿題"を頂戴する過程は、それを率直に先方に照会することも有効ですが、先に"宿題"を想定し、それへの解決策を提案型で臨む形がさらにベターとなります。ごく一例では、「こんなことを考えてみたのですが…」「例えばこんなことでお困りのケースもあろうかと…」等の口上が考えられます。これは、単に積極性をアピールすることだけが目的なのではなく、相手先が認識する以前に潜在ニーズを覚醒する行為を行うほうが、より満足度を高められるという"果実"を意識したものでもあります。

　もちろん、ニーズに合致しないピント外れな課題や、既に解決済みの課題である可能性もあります。しかしながら、前者については顧客の実態を把握することが次回対応の適切さに直結しますし、後者については割り切ってそれに関連するプラスアルファを"宿題"とすれば良いだけのことです。よって、あくまでも積極的な姿勢を保ち続けることが肝要となります。

17 次回訪問予約は取れたか？

（1）本書で取り上げる理由

　顧客先への訪問予約の重要性について一定の理解ができた後にも、営業（渉外）担当者が先日付での予約管理をなかなか進められないことは珍しくありません。より具体的には、定例的な訪問を継続している顧客先に対してでさえ、「良くて前日夜、悪くすれば当日朝に電話連絡して（改めて）調整」という実態が非常に多く見られます。つまるところ、訪問ほか面談活動と次回予約の取得が一体化・一連化されずに分断されているわけです。

　営業（渉外）担当者が訪問先での予約活動に消極的な背景には、以下の理由が考えられます。

> （順不同）
> ⓐ長期間に亘って習慣そのものがなかったため言葉が円滑に出ない・身体が動かない
> ⓑ結果として「相手の予定を拘束する」申し出をすることに抵抗感がある
> ⓒ（店舗統括者・管理者自身の予約不徹底等を背景に）上席者からそれほどうるさく言われない・たまに注意されてもそのときだけ従うふりをすれば良い・うやむやにできると捉えている

　いずれにしても、根源的な理由には該当しない一方、ⓒで示したとおり上席者が率先垂範を示さない中では徹底が図れるはずがありません。

　特に、面談時に次回面談予約を取ることは極めて有効であり、実施しない理由は直接的にはないと思われます。

PART5　有効な面談機会とする

（2）事例

　まだ残暑の厳しい９月下旬の昼近く、定例訪問先の運送業者である藤野通運を訪ねた進君は、藤野社長との面談機会に恵まれました。多忙を極める藤野社長とはなかなか会うことが難しく、面談するのも久しぶりとなりました。進君としては、相応に緊張しながら面談に臨んでいたようです。

①藤野社長	心配していた第１四半期ですが、思っていたよりも４月以降の引越需要があって、何とか目標の売上高を達成することができました。もうすぐ終了する第２四半期についても、中元需要は伸び悩んだものの、ネット通販事業への対応を進めて何とか前年並みの売上げが確保できました。
②進君	それはなによりでしたね。 　社長のことですから、目標達成のためにいろいろと工夫をされたのではないでしょうか。
③藤野社長	大したことではないですが、内部で定めた耐用年数に到達していない車輛についても、思い切って入れ換えられるだけ入れ換えることとし、その際には車輛を小型化することとしました。回転率重視の着想なのですが、結果とすればこれが奏功しました。 　また、歳暮取扱時期までにと思っていた物流センターの見直しも、業者を急かしたところ、先日ようやく最終の二期工事が終了しました。これから本格稼働に向けて機器取扱訓練等を順次行う予定なのですが、前江さん（＝進君）も、今度物流センターをご覧になりますか。
④進君	ありがとうございます。是非そうさせてください。 　ところで、冬季賞与の支払いについてなんですが…

⑤藤野社長	まだ、労働組合との交渉が妥結してないんですよ。当社の場合は、常勤・契約・パート・アルバイトと4形態の社員がいるものですから、各々の条件を詰めるのが結構厄介なんですね。 なるべく、借入れは行わずに済むような条件で妥結したいと考えておりますので、その旨を丁寧に説明していくしかないな、と考えているのですが。	
⑥進君	なるほど。ところでいつも申しわけないのですが、月次の試算表をお借りできますかね。	
⑦藤野社長	確かもうちょっと経つと8月末時点のものができるようなことを言ってましたけど…。 お急ぎですかね？	
⑧進君	いや、特に大至急というわけではありません。 よって、特段のお気遣いは不要です。	
⑨藤野社長	（時計をちらりと見つつ）それじゃあ、後は何かございますかね。	
⑩進君	いえ、それではまた顔を出させていただきますので、そのときにでも。またご連絡させていただきます。本日はどうもありがとうございました。	

（3）事例から見る問題箇所

A④：せっかくの主要設備案内の申し出に積極姿勢を見せない

　事例では訪問先の業務を運送会社としましたが、これら運送会社にとっての物流センターは、トラックほか輸送機器と並んで最重要設備を意味します。よって、ⓐ対応（処理）能力、ⓑ投資負担（＝返済能力）の多寡、を見極めることは金融実務者として避けられないものと考えるべきです。

　他方、このような設備見学にあたっては、提供された機会を顧客先への単なる"ゴマスリ"に陥らせないことが肝要となります。以下に、そのためのごく一般的な着眼点を記します。当該着眼点は、（事前・事後を含む）見学時の質問等に反映させるべきものと考えます。

PART5　有効な面談機会とする

（例示）

質問内容	照会意図
改装にあたっての基本的な考えや内部における意思決定手続き	経営ガバナンスの検証などに活用
改装にあたっての協力業者や当該業者の選択理由	今後の情報提供や顧客紹介依頼などに活用
（当該設備の発展あるいは見直し過程の中での）今後の設備計画	今後の情報提供や想定資金需要を踏まえた準備などに活用

　さらに言えば、申し出に応じることで、上記の例示に加えて「物流が本格稼働する前というこの時期ならでは」の説明や設備見学が期待できることとなります。営業（渉外）担当者には、そのようなある種の貪欲さも求められることとなるでしょう。

　上記の必要性や見学時の着眼点を理解していれば、藤野社長からの見学を可能とする旨のコメントに対し、ただ「流す」ような回答にはならないはずです。ここぞという際に感(応)度が低いままでは、本欄の主要テーマである「次回面談等の円滑な予約」のみならず、それ以降の機会喪失にも繋がりかねないと思われます。むしろ、トラック交換に伴うⓐ対応（処理）能力と、ⓑ投資負担（＝返済能力）の多寡、を合わせて見極めるべく、交換後のトラック運用実態見学を希望するなど"プラスアルファ"を求めることも一案となります。

B④⑥共通：運転資金需要に関連した"踏み込み"に欠ける

　賞与を巡る経営と労働組合側の団体交渉は、様々な業態・企業で見られますが、経営側にとっては、妥結後の支払いに伴う資金繰りに悩むことも少なくありません。このため、金融機関の営業（渉外）担当者としては、適時適切な接触を通じて情報提供依頼や資金需要に応諾することが望まれます。

　事例での藤野社長は、労働組合側との間で現在なお冬季賞与を巡る交渉中である旨の言及があります。お互いに言い分のある交渉ゆえ、ときに妥結に時間を要することもありますが、実態として生活資金の一部を成しているわ

が国の賞与は、標準的な支払時期が存在することも事実です。実態上も、そうした時期を当て込んで、住宅ローンやクレジットなどの支払いや決済が設定・合意されてもいます。このため、交渉にも妥結期限があるのが実情です。

　進君には、交渉の妥結を見守りながらも、賞与ほか運転資金の需要発生見込みや発生時期を把握し、発生時に可及的速やかに対応することで競合に打ち勝つことが求められます（※トラックの入換えの際にも資金需要が発生していた可能性があるのですが、応対からはそうした情報を把握・活用し切れていなかった可能性が残ることが窺えます）。よって、これまでの交渉経緯を聞き流すだけでなく、先日付（さきひづけ）の日程で（再）面談機会すなわち次回訪問予約を打診すべきこととなります。

C⑥⑧共通：試算表徴求に伴う"踏み込み"に欠ける

　言うまでもないことですが、顧客の実態把握・分析は早いに越したことはなく、そのために必要な材料・データの拝借も「依頼すべき事項は丁寧かつ率直に」の姿勢で臨む必要があります。「言いにくいことだから…」の気持ちが先行するあまり、申し出を躊躇したり過度に遠慮することは適切ではありません。

　事例での進君は、月次試算表の徴求を依頼する一方で、「大至急ではない」「特段の気遣いは不要」と補足しています。必要以上の督促は相手先の心証に悪影響を与える可能性があるものの、端的に言って後者の補足は不要です。拝借すべきは堂々と拝借し、礼節を尽くして活用の上、有効な情報還元を行えば良いのです。

　よって、できあがった頃を見計らって面談を行い、業況確認その他を行うことが望ましいこととなります。このため、先日付の日程で（再）面談機会すなわち次回訪問予約を打診すべきこととなります。

D⑩：予約になっていない予約をもって自己満足しているきらいが見られる

　当然のことながら、相手先との面談予約は、相手先にとって理解や記憶を行いやすいものが望ましいこととなります。ごく一例だけでも、次のような事項が考えられます。

> (順不同)
> ・目的
> ・日時
> ・場所
> ・所要時間
> ・同席者
> ・先立っての諸準備
> ・持参する資料
> ・面談に先立った連絡時期

　これら原理原則に対し、事例での進君は非常に曖昧、ともすればあやふやな印象を与えかねない口上と併せた形で面談終了時の挨拶を行っています。藤野社長にしてみれば、何の目的でいつ来るのかはっきりしないばかりか、藤野社長自身に会うつもりなのか他者なのかも明確ではありません。現段階で予定がはっきりしないというならば、いつ頃電話連絡なりメール送信なりを行うのかも分からないままです。これでは、「本当に会う気があるのか？」と疑いの目を向けられてしまいかねません。

　進君にしてみれば、藤野社長の忙しそうな様子に遠慮した、という配慮の気持ちがあったのかもしれません。また、どこかに後ろめたさがあったのかもしれません。しかしながら、事業者のうち最も多忙なのは経営者・実権者であり、改めて認識するまでもありません。むしろ、多忙であるからこそ、面談相手にとって有意義で実のある面談時間とするための創意工夫が求められるのです。

　次回面談予約の申し出を行うこと、電話連絡の日時を伝えることに必要となる時間は、10分や15分ではなく、何秒という単位です。相手先にしてみれば、いつ掛かってくるか分からない電話連絡に配慮したり、急に来られたりするほうがずっと嫌な思いを覚えるかもしれません。

　さらに問題なのは、このような口上を発することで、進君だけでなくヤルキ銀行やたねまき支店までもが不確実で信頼に足らないという印象を与えて

しまうことです。営業（渉外）活動に有効な信頼関係の構築は一朝一夕には望めない一方で、失うことは非常に簡単です。そうしたことを十分に留意し、日常の言動を律することが求められるのです。

（4）**本来なすべき活動**

　実際のところ、営業（渉外）担当者をはじめ、先日付の面談予約を円滑に行えない金融実務者は決して珍しくありません。また、予約を取る理由を尋ねると「"空振り"しないため」「効率的な営業（渉外）活動を実施するため」と回答する金融実務者も少なくありませんが、これらは第一次的な理由でもありません。第一次的な理由は、顧客の都合に金融機関側が合わせる必要があるためであり、そうしなければ選別に漏れてしまうことに留意しなければなりません。

　今なおオーバー・バンキング下にあると言われる本邦金融環境ですので、生き残りを賭けた競争は当然に厳しいものです。しかしながら、そうした競争は金融機関だけが行っているわけでなく、民間企業であれば総じて同様の環境下にあり、金融機関以上に激しい競合状態下に置かれている業界も少なくないことを正視すべきです。このような環境下で業績を伸張させている企業であれば、相応の創意工夫を常態的に行うことがごく普通の事象であり、そうした企業の経営者・実権者であれば当然に忙しいと考えるべきなのです。平たく言えば、業績が伸びている会社・業況の良い会社の経営者・実権者ほど忙しいはずなのです。

　金融実務者としては、こうした経営者・実権者に積極的に向き合っていくことが求められます。よって、次回訪問予約の際にも相応の対応姿勢で臨む必要があります。場合によっては"仮決め"でもかまわないのでどんどん前もって予約を入れることとし、不都合が生じた時点で速やかに日程変更を行うべきなのです。

　また、「事前訪問予約を取る」活動の消極さの背景には上席者の管理の甘さもあり、その実態を逆説的に立証しているとも言えます。よって、面談時の備忘録やメモの記載状況等の確認と合わせて、管理の徹底を図るべきことが望まれます。さらには、単なる"尻叩き"に終わらせないためには、「予

約を取るための具体的な口上」や「留意事項」をロール・プレイング手法等を介して具体的に伝授することも有効となります。

　なお、組織全体としてこうした活動への必要性認識が高い金融機関では、2ヵ月弱先の予約までを徹底して行っている実例が見られます。

PART 6

帰店後の対応を速やかに実施する

　営業（渉外）担当者が実際に面談した顧客・面談者数と帰店後の事務対応は、比例関係にあります。よって、面談時に「仕事のできる人」「忙しい人」ほど帰店後も忙しいこととなります。

　これとは全く逆に、取組意欲を欠く営業（渉外）担当者が、帰店後の事務負担を嫌気し、顧客との面談そのものを自ら抑止する思考・行動もまま見られます。悪しき実態と言うほかなく、今なお続くわが国のオーバー・バンキングの下で、競争相手への直接的な劣後要因となることは言うまでもありません。

　訪問先での面談応対時の収集情報については、速やかな事後対応が望まれます。この一方で、収集情報は皆極めて重要であり、それゆえに「どう対応すべきか」の疑問も発生することとなります。先んじて結論を言えば、「皆極めて重要」な中にあっても、さらに重要度を順位付けし、向き合う・処理する順序に反映させる対応が求められます。

　冒頭で述べた「仕事のできる人」「忙しい人」であれば、対象となる営

業(渉外)活動の事後対応も、相応に増大することとなります。よって、「チーム・係・店舗」等の単位での協力つまりは協働が求められることとなりますが、実際のところ、これがなかなかうまくいきません。

　この背景には様々な要因が相関していますが、そのひとつに、金融機関の職務は、支店長から新入行職員に至るまでかなり明確に担当が区分けされていることが一般的であることも無視できません。この結果、自身の担当業務だけで精一杯となり他者までの十分な目配せができなくなるのです。

　裏返せば、そうした"よくある事態"に陥らないような創意工夫が求められることとなります。解決策を突き詰めれば、各自が見直し可能な余地を踏まえて「お互いに声を掛け合い、先んじて手を差し伸べ合う」ことに帰結します。

18 特に迅速な共有を要する事項を選別したか？

(1) 本書で取り上げる理由

　営業店に所属する営業（渉外）担当者の日常の活動は、大まかに言って以下の流れが基本となります。

　ⓐ営業店に出勤
　ⓑ店内で外出準備
　ⓒ外出
　ⓓ帰店・昼食・（再）外出準備
　ⓔ（再）外出
　ⓕ帰店・事後対応

　面談実数と効率化との両立を図るため、一般的に外出はⓒ・ⓔに集約して実施されており、途中で何度も店舗に（一時）帰店することは、推奨されていません。また、営業（渉外）担当者には、これら外出時に得られた情報を必要に応じて店舗や金融機関全体に還元を図る活動が求められます。

　営業（渉外）担当者にとってみれば、「営業（渉外）活動を通じて把握した情報は自分独自のもの」「手掛けた仕事は最後まで自分でやり抜くので特段の共有は不要」と考えているかもしれません。特に、自身が開拓・獲得したような顧客先の情報であれば、なおさらでしょう。実績に伴う自負を裏付けとして、より一層そうした思い入れを抱いていたり、実際に顧客側からそれに関連した声を聴いているかもしれません。

　しかしながら、そのような思い入れのある顧客先についても、顧客側はあくまでも「担当者を含めた金融機関全体と取引している」という意識を保有していると考えるべきです。顧客の目線は冷静であり、取引開始後も金融機関全体の商品・サービス提供の質が常時問われ続けているのです。また、実

態としても金融業務における商品・サービス提供の裏側には複数部門にまたがる多数の行職員の協力があり、決して単独で課題や処理を解決できているわけではありません。例えば、何気なく端末処理している背景には、事務・システム部門のプログラム開発や夜間・休日のテストほか多数のスタッフの（一見目立たない分を含めた）貢献があるのです。それゆえに、必要な情報の適切な共有が必要であり、営業（渉外）担当者には顧客ほかよりそれを捉えて持ち帰る役目が原始的に期待されているのです。

他方、もちろん個人差はありますが、顧客先への訪問・面談等によって収集する情報は、一度の外出だけでも膨大な分量に達します。同行・同席等を行わず、背景やニュアンス等を理解していない第三者にこれらの情報をすべて伝えようと思えば、時間はいくらあっても足りません。そうした事情を踏まえれば、収集した全情報から特に迅速な共有を要する事項を選別する過程は避けられないことが理解できるはずです。

(2) **事例**

暑い季節も終わりかけた9月の水曜日の夕刻、一足早くたねまき支店に戻っていた進君に続き、中野君が午後の訪問活動を終えて帰店して来ました。その後、机を並べて作業する二人は、帰店後すぐに必要な現金ほかの事務処理をほぼ同時に終えました。

その後、自分の仕事をそれなりに抱えている中でも、中野君の目標への進捗状況ほかを把握しようとする進君の姿が確認できました。

①進君	そろそろ、サポート担当先に慣れた頃かな？ 今日の活動はどうだった？ 何か特段のことがあれば聴かせてもらうけど…。
②中野君	やっぱり、今日も凄くいろいろなことがありましたね。嬉しいこともありま

	したし、もちろん辛いことも。 　まぁ、渉外活動の醍醐味と思っていますけどね。
③進君	僕で何か協力できることはあるかな？ 　それとは逆に、僕にとって参考になるようなことも聞かせてくれる？
④中野君	そうですねぇ…。 　実際のところは、同じ商品を説明しても顧客によって本当に反応が違いますんで「何が重要か？」と言えば、全部ってことになるんですかね。 　もし良かったらご説明しますが、今、じっくり聴いていただくだけのお時間を取ってもらって大丈夫ですか？
⑤進君	そういう気持ちは本当に有難いんだけど、僕自身もいろいろと案件を抱えていてね…。
⑥中野君	それじゃあ、いつか進さんの時間ができたときにでも、しっかり説明させてもらいますね。
⑦進君	そう言えば、お客様との間でトラブルになったようなことや、クレームみたいなものはなかった？
⑧中野君	さっきも言ったように、顧客によっていろいろな反応がありますから、そういった中には怒る方も難しいことを言う方もいらっしゃいますよ。 　でも、そういったものすべてを受け止めることはできませんから、自分で自分を励ましながらやるしかないのかな…、って思ってやっていますよ。
⑨進君	それじゃあ、今日の結果を踏まえた上で、明日に向けた準備は何かやるのかな？
⑩中野君	今日の失敗にめげることなく、愚鈍に徹底して同じことを繰り返すつもりです。

（3） 事例から見る問題箇所

A①③共通：（当初からの）質問に具体性を欠く

　与信先をはじめとする数多くの顧客を適時適切に管理し、必要に応じて速やかに信用補完策等を講じる必要もある金融機関は、「有能な行職員が1名いればできる」業種ではなく、協働が不可欠です。つまるところ、周囲はもちろん、所属組織の枠を越えた協調やチーム・ワークを常に意識・実践することが求められるのです。

　事例では先輩（同僚）である進君から中野君に対し話し掛ける様子が垣間見え、一定の気配りが認められます。しかしながら、業務時間中の話合いであれば、単なる人間関係上の配慮にとどまらない生産性を意識する必要もあります。つまるところ、質問や意見を述べる際にも、具体的かつ前向きな姿勢で臨むことが求められるのです。

　進君の発言で言えば、「今日の活動はどうだった？」「何か特段のことがあれば」「何か協力できること」「参考になるようなこと」ではなく、照会や議論の際にポイントとなる事項への具体的言及が必要です。ごく一例として"活動"に関連した照会事項で言えば、以下のような題材が考えられます。

> （順不同）
> ・（特定の）悩みや苦しみとその理由・背景
> ・推奨商品に対する顧客からのクレーム
> ・（兆候や傾向を含む）ライバル金融機関の動き
> ・商品・サービス斡旋にあたってのノウハウとなるもの

　率直に言えば、曖昧で抽象的な表現による発言からは、論点を絞った課題解決策の共有は期待できません。本質的には、営業（渉外）活動に伴う内容のみならず、質問時においても「迅速な共有を要する事項」を抽出し、優先度に沿って照会する姿勢が常に求められることになるのです。

B②④共通：営業（渉外）活動時の収集情報に対する選別が不十分

　店舗を離れて顧客先等へ訪問を行う営業（渉外）活動は、極論すれば見るもの聴くもののすべてが情報収集の対象であり、そのすべてを（再）活用す

ることは現実的には不可能です。よって、収集した情報の選別は避けられません。

　上記**A**で述べたとおり、事例では、会話の契機となった進君からの質問がそもそも明確ではありません。しかしながら、これに対する中野君の回答も曖昧模糊としており、この結果、全く生産性のない会話が展開されることとなっています。中野君の発言の背景には、収集した情報の選別が十分でないことが窺えますが、この原因は以下の三点に集約されます。

事象	背景
ⓐ情報収集が不十分	そもそもしっかり「収めていない」「集めていない」可能性がある
ⓑ選別にあたっての着眼点に誤りがある	どんなことが「重要」に該当するかを分かっていない可能性がある
ⓒ選別作業を迅速に実施していない可能性がある	選別のための技術を持たない可能性のほか、懈怠(けたい)つまりは後回しや先送りの可能性がある

　加えて言えば、業務を通じた感想は、事象なり取引内容なりと対になって初めて相手方に伝わります。映画やスポーツ鑑賞とは異なり、相手方と原始的な対象が共有されていないからです。②のコメントでは、中野君は感想だけを述べていますが、これでは何のことだか相手側には全く伝わりません。

C ④⑥共通：他者利用のためのコスト意識・迅速性を欠く

　営業（渉外）担当者は、顧客との直接の接点部分を担っているわけですが、自身単独で取引を完結しているわけではありません。改めて言うまでもなく、店内の後方事務部門や本部各部の後方支援があって初めて活動が行えるわけですので、収集した情報を関係者に必要十分に還元する必要があります。換言すれば、情報に関しては「収集は1名・活用は多数」の図式があり、これこそが情報の共有・活用の姿なのです。

　他方、金融機関もサービス業の一翼を担い、長期安定的な経営が求められる事業者です。よって従事者には、適切なコスト意識を伴った活動が常に求

められ、それは収集した情報を巡る一連の対応でも例外ではありません。また、当然のことですが、あらゆる情報は入手時点から即座に陳腐化していきますので、可及的速やかな還元・活用が求められることは当然です。

　これらを踏まえますと、④⑥における中野君の発言は問題ありと言わざるを得ません。「じっくり聴いていただくだけの時間」は、説明者・聴取者双方の時間を奪う費用そのものです。さらには、「いつか時間ができたときに説明」することとすれば、その情報は陳腐化し、その時点では既に説明するだけの価値を失っているかもしれません。

D ⑧⑨⑩共通：顧客とのトラブルや顧客からのクレームに対する重要性認識を欠く

　招かれざる意図に反し、予想外の展開を含めて随所で発生するのが事業者と顧客間のトラブルであり、金融機関もこの例外ではありません。中でも、顧客との接点を担う営業（渉外）担当者や、店舗のテラー（窓口）担当者は、その分だけクレームを含むトラブルに直面する機会が否応なしに多くなる一面を兼ね備えています。

　特に、営業（渉外）担当者の場合には、基本的な活動形態が店舗外での単独行動となりますので、トラブル勃発時にも一人で臨む確率が高くなります。こうした際の感(応)度や（対応の）巧拙が問題となるわけですが、対応のカギは、文字どおり真摯に向き合えるか否かとなります。
「よくあること」「仕方のないこと」と受け流したり、自身の正当性だけを主張するばかりでは、サービス業者として適性を欠くと言わざるを得ません。また、とにかく自分一人だけで解決しようとする姿勢も正しいとは言えません。なぜなら、顧客は営業（渉外）担当者とだけ取引しているわけではなく、営業（渉外）担当者を窓口としながらも、法人としての金融機関全体と取引を行っているからです。

　よって、営業（渉外）担当者がトラブルやクレームに直面した際には、以下の手順による速やかな対応が求められます。

ⓐ細心の注意をもって主張・内容を聴取する

> ⓑ（重要性・喫緊性ほかに則って連絡先を選択の上）上席者やコンプライアンス担当者・コンプライアンス部門にトラブル・クレーム内容を速やかに伝える
> ⓒ金融機関（全体）の機能活用をも視野に入れた解決策を講じる

　⑦での進君からの照会に対する⑧での中野君の発言は、トラブルやクレームについての重要性を十分認識していない可能性を残し、厭世観を感じさせるものとなっています。これに対する⑨での進君の反応も、重要性を認識させるような注意喚起を直接的に含んだものではなく、不用意な同意と取られかねないものです。
　さらには、⑩での中野君の発言も、失敗を反省つまりはサービス向上の糧にすることなく、ともすれば独善的な視点での行動を招きかねない恐れを残したものです。こうした視点の背景には、顧客からのクレームを含むトラブルへの全般的な軽視を疑わざるを得ません。

（4）本来なすべき活動

　本項では、営業（渉外）活動の過程で収集した情報全体から「特に迅速な共有が必要な部分」を選別・抽出する行為を直接の主題としていますが、本質的には他の業務にも全く同じ重要性があります。すなわち、種類を問わず、業務に臨む際には常に優先度や緊急度を勘案した対応が当然に求められるのです。その本質を突き詰めれば、情報や報告に限らず、自身で「対応期限」や「他者・他部門における活用その他」を考え、自律（manage）することが必要となります。
　主題である選別行為に着目すれば、当該行為は「常に必要」であることを意識する必要があります。その理由は「一時点に立ち止まって過去を振り返り選別する」という行為自体にも時間つまりは費用が掛かる一面を持つからです。それゆえに、本来は情報入手と同時に選別を行い、必要に応じて二次活用等を意図した行動を（即時（対応）を含めて）示さなければならないのです。なぜなら、金融機関は生き残りを賭けた競争環境下にあり、対応の遅れが敗因になりかねないからです。

繰り返しになりますが、選別行為には常に即時性が求められ、重要事項については「そのうち」や「帰ってじっくり考えてから」という選択肢は取り得ません。それでは、どんな報告に迅速さが求められるのでしょうか。その典型例は、「入手者にとって都合の悪い内容」となります。

率直に言って、営業（渉外）担当者も人の子であり、目ざましい"手柄"を伝えて報奨を得たいという気持ちが働くことはごく自然です。逆に、失敗内容については、伝えたくないという意向が働きます。しかしながら、「うまくいきました」という内容であれば、報告が後刻となっても、有効事例の共有やお礼の言葉を伝えること以外には特段の支障はありません。

他方、報告を聴く側にも忍耐力・胆力・判断力が求められることとなりますが、失敗や不安を認識した内容について即座に選別し、共有を含めた善後策を講じることは絶対的に必要となります。「報告書ありき」「自分で招いた結果なのだから自分なりに解決を図ってから」の姿勢は、いずれも誤りとなります。

19 特に迅速な共有を要する事項を口頭報告したか？

(1) 本書で取り上げる理由

　営業（渉外）活動を終えて夕刻前に帰店した担当者には、以下の事務作業を忙しく行う姿が平均的に見られます。

> ＜実施順＞
> ①不在中に寄せられた（電話ほか）伝言などに対する折返しの電話連絡
> ②顧客から受け取った現金・各種申込書・契約書等の一次処理
> ③顧客からの"宿題"への対応
> ④（"渉外日誌""営業活動報告書"等の名称の）活動報告書の作成
> ⑤翌営業日以降の訪問予約・調整
> ⑥稟議書・提案書作成ほか各種事務対応および各種調査等実施ならびに各種打合せなど
>
> 注）金融機関によっては①・②が逆のこともありますが、①を先んじて実施することでトラブル等を認識する必要があります。

　上記事務対応はすべて重要ですが、特に②の作業を絶対に誤らないよう処理することは決して簡単なことではなく、それゆえに細心の注意をもって実施する必要があります。また、近時の金融機関営業店では、一人一台、もしくは営業（渉外）担当チームに１台程度で業務用パソコンが割り当てられ、渉外日誌などの活動報告書を作成・共有する姿も珍しくありません。

　こうした対応の一方で、上記の作業にばかり気を取られ、最も肝心なことが劣後することがまま見られます。すなわち、前項で述べた「特に迅速な共有を要する事項」の可及的速やかな報告です。

中には、こうした際にも「事象の背景や今後取るべき対応策を含め報告書に記入した後に説明を行う」と捉えているケースもありますが、結論から言えば間違いです。共有手段は、文書もしくはパソコン上のソフトウェアやネットワークを介さなければできないものではありません。第一義的には、最も迅速な手段である口頭で報告すればこと足りることも少なくないのです。

むしろ、時間を急ぐ場合には、せいぜい、面談時に記述したノートを見せれば十分と考えるべきなのです。

(2) 事例

金融機関の書き入れどきである10月末近くのある日、たねまき支店でも、進君ほか営業（渉外）担当係のスタッフが、帰店後の事務対応を各々一心不乱に行う姿が見られました。そうした中で、窓口（テラー）や後方事務、融資窓口係が三々五々退行し、高尾支店長・神田次長からも「悪いけどお先に」という声が発せられることとなりました。気がつくと、営業（渉外）担当係だけが残される形となったのです。

そうした中で、中野君と御茶ノ水課長が話し合う姿がありました。

①中野君	遅くなりましたが、ご指示のとおり渉外日誌を入力しました。
②御茶ノ水課長	ご苦労さま。大変なのは分かるけど、溜めると書けなくなるから、その日のことはその日に記録してね。 明日の訪問アポはもう取れた？
③中野君	その件についてですが、昨日の電話予約と今日午前中の訪問によって、一度はスケジュールが完全に固まりました。ですが、昼食帰店後最初の訪問先であった上野原化学との面談時に「とても納得できない」「取引先との面談予定があるんで今はこれ以上お付合いでき

		ないが、当初の話とはあまりにも違う」と言われたんで、できれば、今一度ご説明に行かないといけないかなぁ…とも思ってもいます。 　でも、そうなると、明日の予定を再調整しないといけなくなりますし、今日はもう遅くなっちゃったんで、さすがに電話もできないですし…。
④御茶ノ水課長		それ本当？ 上野原化学では、誰と面談したの？
⑤中野君		上野原社長と、社長の息子さんの上野原総務部長の2名です。
⑥御茶ノ水課長		何に対して「納得できない」っておっしゃっているの？
⑦中野君		先方が希望されていた与信に対する条件についてです。期間について説明したところまでは冷静にお聞きいただいていたのですが、希望金額全額までの融資対応は難しい旨を伝えたところ、かなり立腹されたようでした。 　これはまずい雰囲気になったな…って感じたところで、先ほどの「取引先との面談予定」なるものに救われたんですが。
⑧御茶ノ水課長		そんな大事なことがあったのに、なぜすぐに伝えてくれなかったの。
⑨中野君		申しわけありません。私のほうも、上野原化学以降の予定が夕方まで隙間なく入っていたものですから、途中で帰店するわけにはいきませんでした。 　渉外日誌に概要を入力させていただいておりますので、そちらをご参照いただいた上で、改めて対応をご判断いただければ有難いのですが。
⑩御茶ノ水課長		もう支店長も次長も帰っちゃってるし、今になって言われても、本当に困ったなぁ…。

（3） 事例から見る問題箇所

A①②共通：対応順序の指示に誤りが見られる

中野君と御茶ノ水課長の発言から類推される対応順序は、ⓐ（"渉外日誌"の名称での）当日の活動記録の作成、ⓑ訪問予約（アポイントメント）の実施、であることが見込まれます。主として、御茶ノ水課長がこの順で確認を行っているからです。

本項の主要テーマとなりますが、この順序は誤りです。正しくは、ⓐ特に迅速な共有を要する事項の上席者への口頭報告、ⓑ訪問予約（アポイントメント）の実施、ⓒ宿題への対応や当日の活動記録の作成、となるからです。上席者の確認も当該順序に則って実施されるべきであり、いかなるときもこれを怠ったり、「いつも言っているから」等の心情で原理原則を歪めることは行うべきではありません。

B③：特に迅速な共有を要する事項への理解・取扱いが不十分

本欄のテーマである「特に迅速な共有を要する事項」とは、ⓐ苦情・トラブル、ⓑ（苦情・トラブル認識は明確に持てないものの）漠然たる不安、ⓒ商機、の順となります。本事例では、ⓐに属するある種の典型事象を記載していますが、こうした事態に遭遇した際には、迅速な共有つまりは口頭報告が必要となります。

この一方で、事例の中野君には、顧客先での訪問応対を巡っての重要性認識が見られないばかりか、翌営業日の訪問予約の再調整との逡巡すら見られます。この背景には、面談に先立った優先順位ほか基本的事項への理解不十分があると見込まれます。

C④：営業（渉外）担当者の行動に関する役席者の基本的管理が不十分

事例での御茶ノ水課長は、中野君の報告に狼狽しながら面談時の上野原化学側の応対者を尋ねています。率直に言って、この姿に、営業（渉外）役席者としての原始的な管理の不十分さが現れています。

概して言えば、営業（渉外）役席者の担当者に対する基本的な管理は、以下に集約されます。

段階	内容
ⓐ事前準備	・いつ誰にどんな目的で面談する予定とし、そのための準備はなされているか ・優先順位の高い顧客や新規開拓さらには面談総数がカバーされているか ・訪問行程に無理はないか
ⓑ訪問結果	・面談時等の反応はどのようなものか ・営業（渉外）担当者の発言について裏付けは確認できるか
ⓒ事後対応	・面談結果を踏まえた分析・考察がなされているか ・必要となる諸準備や"次の一手"が用意周到に計画されているか

　つまるところ、御茶ノ水課長は、どんなに遅くとも当日朝の段階までに中野君の予定を把握しておく必要があったと言わざるを得ません。また、その把握対象には「目的」「面談相手」が当然に包含されていなければならない一方で、それらが不十分であったことも見込まれます。

　担当者の管理の上では、ことが起こってから初めて慌てるのではなく、あらかじめ先んじることが肝要です。把握事項の不十分さは、事件・事故を招く遠因になると認識すべきです。

D⑦⑨共通：顧客とのトラブルに対する重要性認識を欠く

　融資ほか与信対応を筆頭に、金融実務では、顧客の要望どおりの回答ができないことも少なくありません。この一方で、顧客にとって満足できない内容であるほど、その回答内容を顧客および内部に迅速・適切・必要十分に周知する必要があることに注意が必要となります。

　また、そうした活動は渉外や融資ほか担当者が一名で担うべきものではなく、適切つまりは正確・迅速な情報共有に基づき、係や店舗全体で臨むべきこととなります。

　ところが、事例での中野君は、「かなり立腹されたようでした。これはまずい雰囲気になったな…って感じたところで、（中略）救われた」「以降の予

定が夕方まで隙間なく入って（中略）渉外日誌に概要を入力させていただいており（中略）改めて対応をご判断いただければ」と発言しています。こうした対応から察する限り、顧客の反応に対する本質的な重要性認識を欠いた、悪い意味での習慣化が感じられます。

トラブル発生時には、「何はともあれ不都合な事象ほど迅速に連絡」の原則に則った行動が求められます。たとえ次の予定が入っていようが外出先からだろうが、とにかく"第一報"を入れる必要があるのです。

E⑩：緊急連絡時の取決めが不十分

顧客の信用状態をはじめ、刻一刻と変化する関係事象に可及的速やかな対応が求められる金融実務では、"緊急事態"との遭遇も避けては通れません。また、責任と権限が明確に定められた金融機関の組織では、権限者への報告は正確な判断にあたって欠かせません。

このため、状況によっては、営業店長や次席者に対する時間外を含めた緊急連絡も必要となります。有事の際の実効性を高めるためには、緊急連絡網の整備・携帯に加え、事前の訓練を実施しておくことも有効となります。

この一方、事例における御茶ノ水課長からは「もう支店長も次長も帰っちゃってるし、今になって言われても」なる発言が見られます。それ以前の緊急対応時に対する想定・準備が不十分であることが窺え、対応遅延に伴う"二次災害"を人災として招きかねない恐れがあります。

（4）本来なすべき活動

ＩＴ（情報通信）技術が高度に発達した現代社会にあっては、ときに「まずシステムに入力して」「何はともあれまずは電子メールで」の風潮も見られるようです。しかしながら、金融機関の営業（渉外）担当者が活動を通じて得た情報の共有は、必ずしも情報機器を活用しなければできないというものではありません。

そもそも、（そうした誤解が少なくないのですが）情報は共有すること自体が目的ではなく、共有を経て（二次）活用を図ることが目的です。よって最も留意すべきは、二次活用の際の利用のしやすさにあり、その際に「迅速性」が極めて重要な要素となります。立派な報告書を作成することに手間取

り、共有した段階では既に陳腐化し二次使用が図れないようでは、何のために共有するのか意味がなくなります。

　他方、内容別に見た「共有すべき内容」は、苦情・トラブルをはじめとする「困ったこと」や「不安」が第一に挙げられ、次に「商機」となります。ここで注意すべきは、これら報告が、いずれも営業（渉外）担当者の重要性認識に基づいて実施されることです。本件に限らず、「普段見ていないところで活動する」ことを前提とする営業（渉外）担当者への管理では、対象者からの報告を基準・基本とせざるを得ません。よって、対象者に対してできる限り正確な情報をありのまま報告させるよう留意する必要があるのです。このためのカギは、以下の2点に集約されます。

・営業（渉外）担当者の感(応)度を高めること
・必要以上に"濾過"を行わないよう注意喚起すること

　合わせて、「失敗は誰にでもある」「正確・迅速な報告は最も大事な"仕事"のひとつである」ことを日頃より繰り返し周知しておくことも欠かせません。その上で、管理者側が「いつも言っているから」と慢心することなく先んじて声を掛け、対象事項を引き出す創意工夫も問われることとなります。さらに言えば、そうした結果得られる報告の聴取時には、管理者にとってそれ以上に"聴く力"が問われる機会はないと捉えるべきこととなります。

　実務対応上は、以下の事項についての具体的な認識・目線合せも必要となります。

・何を・どんなことを最も重要視すべきか
・連絡手段にはどのような方法が選択・利用可能か
・営業店長や管理者が不在時には誰にどのように連絡・共有すべきか

　本件のような与信条件を巡る苦情対応時等においては、ことの重要性を鑑みて、必要ならば出先からでも電話連絡をさせるべきこととなります。「迷ったらとにかく連絡・報告」「取越苦労は大歓迎」を徹底することが、適切な事後対応にとって絶対に必要であることを徹底すべきです。

PART6　帰店後の対応を速やかに実施する

20 一般共有事項を漏れなく作成・回覧したか？

（1）本書で取り上げる理由

　平均すれば日次で10〜15軒(のき)（※企業体や世帯の単位となります）程度の有効面談数をこなす営業（渉外）担当者が収集する情報は、連日、膨大な量に達します。このことは、ⓐ収集情報を積極的に二次活用すべきこと、ⓑ短期間で陳腐化や（記憶）風化が進んでしまうこと、と表裏一体の関係があることを意味します。

　金融機関の営業（渉外）担当者は、自身で業務を完結できているわけではありません。自動車レースのフォーミュラー1（F1）のレーシング・ドライバーと同じく、その影には多数の行職員がおり、そうした協力があって初めて営業（渉外）活動が展開可能となっています。換言すれば、全体の分業制の中で、フロント部門の役割を担っているに過ぎないのです。よって、営業（渉外）活動時に収集した情報についても、自身としての用途や利用価値のみならず、他の行職員の利用にも配慮しながら最も適切な還元法を選択実施する必要があります。面談時のメモ書きほか備忘対応についても、「ポイントだけ記述する」と述べてごく少量を書き留める営業（渉外）担当者は少なくありませんが、本質的には無闇に選別しないことが求められるのです。

　したがって、金融機関全体での活用を視野に入れた"渉外日誌"等への記入・作成が求められます。しかしながら、上記で示した「あるべき姿」とは対照的な記入内容にとどまる実態は珍しくありません。日頃、目標数字に追われる営業（渉外）担当者は、どうしても視野狭(きょう)窄(さく)な傾向や短絡的な思考に陥りがちになるからです。また、本来はそれを戒め・正しく導く役割を担うはずの上席者も、結果を求める中で一緒になって即物的な対応を強いる悪しき事象が散見されます。

つまるところ、幅広い対象者に向けた収集情報を必要十分かつ簡潔に記載し、回覧を通じて共有を図ることが必要かつ有効であり、それこそが営業（渉外）担当者の責務と考えるべきなのです。そのことに対する重要性を必要十分に認識させておく必要もあります。

（2）事例

　金融機関の書き入れ時である第3四半期のある日、たねまき支店でも融資や預金の獲得目標に向けて、各自が奮闘する様子が見られました。そんな中で、翌営業日の準備をほぼ終えた進君が、机の周りを片付けようとしたところ、少し離れた机に座る神田次長から呼ばれて話し込んでいました。

①神田次長	なかなか時間が取れずにこの時間になって悪いけど、今日の分の渉外日誌がちょうど私のところに回ってきたんで、活動の振返りを簡単に聞かせてもらえる？
②進君	分かりました。今日はとにかく梁川プラスチックに尽きます。 　今回で3度目の訪問になるのですが、素晴らしい業況だけあって、とにかく金融機関に求める条件も大変厳しい内容でした。
③神田次長	どんなことを言っていたの？
④進君	「金利や手数料よりも、総合的な満足度を重視する」とのことでした。会話の中では、インターネット・バンキングでのセキュリティ水準や、海外進出時の情報提供支援実績などをかなり細かく聞かれました。 　梁川社長としては、近い将来、事業の多角化をお考えのようにも映りました。当行の提供サービスについても、事前にかなり研究して面談に臨んでいる様子でしたね。

⑤神田次長	なるほど。よく分かったわ。 でも、そういったことが全く渉外日誌には書かれていないんだけど…。
⑥進君	今日の面談時に出たような話題も確かに大事ですが、当店としては、まずは与えられた預貸金ほか業績目標の達成が第一であり、それに的を絞った渉外を展開すべきと考えた次第です。率直に言えば梁川プラスチックのような会社ばかりじゃあないですから。 よって、預貸金の獲得に直接的に有益な情報に絞った記載を行いました。
⑦神田次長	でも、せっかくインターネット・バンキングや海外進出支援についての声を聴いたのなら、渉外日誌に書いておくべきじゃないかしら。
⑧進君	僕が書かなくても、誰かが書くと思いますよ。 いつも次長から言われている「冗長な文章は避け、読み手の視点でポイントを絞って」という指示に沿った対応を行ったつもりなんですが…。
⑨神田次長	確かに、そうは言ってるけど…。
⑩進君	現在の提供サービスについての意見を書いても、本部からクレームだと思われて損をするんじゃないですかね。本部はあくまでも「現在の商品・サービスのラインナップで、できるだけ頑張って欲しい」っていう意向だと思いますが。

(3) 事例から見る問題箇所

A②③共通：活動全体に対する概観姿勢の欠如

　上席者への結果報告時だけでなく（実施前の）予定報告時等にも見られる事象として、営業（渉外）担当者が「その日最も重要だ」と考えた事象だけを限定抽出・報告する行動が挙げられます。また、本来はそれらの行動を修正する指導・示唆を行わなければならない役席者・統括者も、そうした事態をただ看過し、担当者と一緒になって個別事象に関心を絞り込むことも珍し

くありません。

　改めて言うまでもなく、前項で述べた「特に緊急性を要する事項」を抽出・報告した後の一般事項については、以下の報告姿勢が望まれます。

> ⓐ対象となる日程なり時間帯なりの活動全般を俯瞰した上での（件数・先数等を含めた）全体像としての報告
> ⓑ個別事象のうち、特に確認・共有・意見交換等が必要となる事象の報告

　事例での進君は、梁川プラスチックとの応対に心を奪われ、他の顧客動向等を見失っていると思われます。また、神田次長も、進君の行動に引きずられ、それに巻き込まれてしまっています。梁川プラスチックとのやり取りは（今後も含めて）極めて重要ですが、そこに一極集中で関心が奪われてしまうことで、他の重要事項を見落とすことがあってはなりません。なぜなら、梁川プラスチック以上に重要な事項が他の顧客との間に内包されている可能性が否定し切れないからです。

　よって、あくまでも、全体感を捉えた後に個別事象に移るという手順に則った報告姿勢が求められるのです。

B⑤⑥⑦共通：近視眼的な活動に対する問題意識に希薄さ

　営業店や営業（渉外）担当者に付与される獲得・推進目標は、その根拠を「安定決算のため最低限の数値」としている金融機関が大多数のようです。情報化の進展した現在にあっては、決算予測にも精緻化が求められることとなっています。"絵空事"の数字を並べるだけの事務対応では、監督当局や投資家さらには預金者等の信頼を得ることは難しいためです。

　現実とあまりに乖離した目標数値を設定しても、割当対象店舗や担当者の取組意欲に訴えられないことは、設定の主管部門である業務推進部門にも理解されています。さらには、低い経済成長が長期にわたって継続している昨今にあっては、そうした実態が相応に反映した数値にもなっていることが少なくありません。つまるところ、与えられた目標は"それなりの数字"となっている可能性が高いのです。

これらを踏まえても、事例の「業績目標の達成が第一であり、それに的を絞った渉外を展開すべき」とする認識は、実態面でも意識・志(こころざし)面でも低いと言わざるを得ません。金融機関の生き残りの可否を選択するのは顧客であり、ニーズに応えるだけの訴求力をどこまで高められるかが顧客の選別に耐え得るカギとなります。そのためには、金融機関としての信用やブランド価値の向上を図ることは避けられず、営業（渉外）担当者による各種顧客ニーズ把握・報告はその"土台"部分に該当します。

　進君が聴いた「インターネット・バンキングでのセキュリティ水準や、海外進出時の情報提供支援」等は、これらのうちの典型的な事項となります。よって、可能な限り詳細に声を拾い上げ、迅速に報告すべき対象事項となります。また、こうした活動を促進し、必要に応じて修正を含めた指導をも行う役割を担うはずの神田次長が、進君の意見に引きずられてしまっていることも問題と言わざるを得ません。

C ⑧⑨⑩共通：“大企業病”の兆候

　上意下達の組織風土が一般的な金融機関では、以下の悪しき行動様式が行職員に非常によく見られます。

・「自分がやらなくても誰かがやる（のでやらなくても良い）」の"連帯責任は無責任"の思考・行動

・「（組織全体のことなど分からないので）自分は所属部門のことだけを考え・行動すれば良い」の"部分最適化"の思考・行動

・「（"よそはよそ・うちはうち"の）他部門との連携・協調などいらない」「重複業務・二重投資（に伴う他部門の混乱）のことなど知らない」の"セクショナリズム先行"の思考・行動

　これらはいずれも公的セクターに見られるほか、民間資本でも大企業に顕著に見られる傾向です。"お役所仕事"の根源的原因であり、ときに"大企業病"とも呼ばれています。金融機関の場合、事業規模の大小を問わず、こうした傾向が全般的に見られることは問題と言わざるを得ません。

　本来は、各々の行職員が課題解決を率先して実施すると同時に、相互に補

完し合うべき関係が求められるべきことは言うまでもありません。それなのに、各々の部門がまるで独立した組織のように振る舞ったり内部で（不必要な）競合を行えば、全体としての競争力を低下させないわけがありません。公的セクターであれば、倒産・破綻を心配する必要がないかもしれませんが、民間金融機関は今なお生き残りを賭けたオーバー・バンキング環境下にあると言われているのです。そうした中にあっては、こうした思考・行動こそが競争力低下の主要因であり、それゆえに淘汰の対象先となりかねないと認識すべきなのです。

進君の「僕が書かなくても、誰かが書く」の思考は、ある種の典型的な誤りです。よって本来は、（本部から定期的に還元されているはずの）僚店情報を時間を作って参照し、自身としても積極的に記述・報告すべきこととなります。同様に、（現行の）商品・サービスに対する顧客意見についても、顧客側の意向や背景を把握の上、速やかに情報還元を図る行動が当然に求められます。流通業等に見られる「顧客からのクレームこそ宝」の思考は、金融業にも全く同様に当てはまるのです。

これらについて注意喚起や指導を担うべき神田次長も、進君の発言に引きずられてしまい、求められる役割を果たしているとは言い難い実態が窺えます。

なお、進君の発言にある「本部はあくまでも『現在の商品・サービスのラインナップでできるだけ頑張って欲しい』の意向」は、実際に営業店側に示されていることも少なくありません。さらには、顧客から聴取した意向を正確に報告しても、「（顧客に対する）説明の仕方が悪い」「クレームよりも販売上の創意工夫を報告せよ」という反応を示す本部担当者もまま見られます。自身にとって都合の悪い報告が耳に入らなくなってしまい、"天動説"の思考に凝り固まった状態ですが、営業店以上に本部側に大企業病が蔓延していることも少なくないのです。

こうした悪しき実態の背景には、近時の多様化・深化した取扱商品・サービスや法律・制度の変遷等によって本部スタッフの高度化・専門化が求められている事象があります。また、事例の進君に見られるように、（特に業務

推進関係部門等が多いのですが）本部自体が"助ける本部"であると同時に"評価する本部"でもあるという側面もあります。評価を何よりも気に留める営業店にとっては、どうしても「耳障りの悪い実態」を本部側に報告・還元したくないという意向が働くことになるのです。

よって、進君の発言は、あながち事態を誤解しているとばかりは言い切れない面を残すと考えられます。しかしながら、そうした事態をただ無批判に是認した上で、短絡的な損得に行動の規範を求めることも誤りです。あくまでも、原理原則に沿った行動が当然に求められます。

(4) 本来なすべき活動

金融機関営業（渉外）担当者の活動は、他業態と同様に「顧客との接点部分の関係強化を図る中で提供商品・サービスを訴求させ、取引の種類・分量を増加させること」に帰結します。他方、金融機関の視点として、以下の事情を保有してもいます。

・融資ほか顧客の実態に沿った勧奨・販売が求められ、単一・同一商品を機械的に「押し込む」姿勢はそぐわない
・金融自由化以降、提供商品・サービスの種類や内容が飛躍的に拡充・進化を続けている

実態としては、顧客の信用状態や意向も常態的に変化し続けますので、定例的なモニタリングが必要となります。また、各金融機関（営業店）も、営業エリアにおいて各々唯一絶対としての存在ではなく競合先との競争環境下で勧奨・販売を強いられるため、競合先動向についても無視はできません。こうしたことから、営業（渉外）担当者にとっては、事実上、商品・サービスの訴求と同様に情報収集と還元による共有が必要になるのです。

還元・共有手段は、以下の２形態に集約されます。

営業（渉外）担当者
　⇒ⓐ店内［他者］
　⇒ⓑ窓口本部［当該本部を通じて役員や僚店を含む他部門へ］

実際のところ、実務上まま見られる僚店間での直接情報交換は「一刻を争う非常事態」を除けば、行うべきではありません。あくまでも所管本部に速やかに報告を行い、その後の取扱いは所管本部の判断と責任に委ねるべきとなります。全体像を捉えているのは所管本部であり、僚店情報は意図せずとも部分最適の判断に陥りかねないからです。

　上記のとおり、報告経路としては（店内・本部の）２系統しかないのですから、各々に沿った活動を行うことはそれほど難しいことではないはずです。「店内での共有で済ませば良いもの」と「金融機関全体として共有すべきもの」を選別し報告すれば良いだけのことです。

　他方、金融実務は決して派手で楽しいものばかりではなく、他の多くの業種と同様に、その大部分が地味で辛い作業の繰り返しとなります。また、事務作業が極めて多く、顧客の"命の次"に大事な金品を預かるという性格上も、「絶対に間違いがあってはならない」という緊張感を強いられもします。このため、営業（渉外）担当者に求められる営業店業務も、「似たような日常の積重ね」の姿を招くこととなり、こうした日常に流され「まぁいいや」の思考に陥りがちにもなります。逆説的には、営業店長ほか統括者や担当役席者ほか管理者には、担当者をそうした事態・思考に陥らせないための創意工夫が求められることになります。

　また、進君のような担当者から窓口本部への実態報告にあたっては、以下に留意することも一案となります。

・本部報告に先んじて上席者への報告・承認等必要な手続きを経る
・極力電話でなく文書で報告する

　実態上、上記（３）**C**で述べたとおり、人的余裕のなさや顧客動向把握の不十分さを背景に本部側の認識や対応姿勢も十分でないことが少なくありません。このため、「言った・言わない」の水掛け論を避けるとともに、必要に応じて第三者にも速やかな情報還元が可能な状態とする工夫が求められます。文書の形式は、必ずしも所定の書式に則った厳格なものである必要はありません。緊急時などは「相手先」「日時」「場所」「用件」「対応を要する

と思われる事項」「留意事項」等を備えたメモ書き程度でかまいませんし、手段も電子メールやファクシミリを活用すれば良いのです。

　なお、実態としては、本部側が文書によるやり取りを嫌うケースも散見されます。本部側の姿勢の矯正にあたっては業務監査部門等による検証を経る形が一般的となりますが、営業店側からの適切な報告とそれに対する本部側の対応がこうした際の実態把握や判断材料・根拠にもなるものと考えます。

PART 7

活動の振返りを十分行う

　顧客との長期安定的な取引は、信頼感の獲得・醸成後にしか成り立ち得ません。そうは言っても、日常において"業績目標"に追われるばかりの営業（渉外）担当者にしてみれば、「できることは何でもやるのでとにかく早くに実績が欲しい」等が本音ではないでしょうか。

　視点を変えれば、セールスに関するノウハウ・スキルの本は、金融業界に限らず巷に読み切れぬほど溢れています。読者の皆さんも、「トップ・セールスマンは皆ごく普通の人」「決して口八丁ではない」等のタイトルや見出しを参照されたことがあるのではないでしょうか。

　各種書籍の記載内容の熟読や分析・考察を経ることなく傾向を分析するのはおこがましいですが、顧客からの信頼獲得に伴う営業成績向上のカギは「（ごく）常識的・一般的な対応を漏れなく行い、それを継続する」ことのようです。中核部分としては拍子抜けするような着眼点ですが、見方を変えれば、その実現や実行には、想像以上に難解な障壁を乗り越える必要があると捉えるべきなのかもしれません。

金融機関に勤務する喜びのひとつは、多種多様な職業の実務者と業務を接点として交流・意見交換が可能となることでしょう。平たく言えば"もの知り"になることができることに他なりません。しかしながら、黙っていても"もの知り"になれるほど、世の中は甘くもありません。率直に言えば、顧客との接触を契機として、自ら実務書その他を紐解く気概も必要となるのです。

　本来は、こうした対応をお互いに競い合うように実施する職場環境の形成が求められます。言うまでもないことですが、営業店統括者・管理者にあっては、その実現が自らに課されていることを改めてご認識ください。

21 顧客側の発言等で不明な点はなかったか？

（１）本書で取り上げる理由

　金融機関営業店の営業（渉外）担当者に対して設定される"有効面談数"等の目標値は、１営業日当たりで10〜20軒(のき)（※企業体や世帯の単位となります）程度が平均的となっています。つまるところ、当該数値の枠内で新規開拓・既往深耕、さらには集金や雑サービス等を行っているわけです。見方を変えれば、多くの金融機関で「この程度の面談数がなければ競争に勝ち残れない」と判断されているわけです。

　対象先への訪問準備を行い、効率的な移動順序・経路を選定し、事後対応を漏れなく行うには、相応の自己管理（management）力が求められることとなります。しかしながら、自らそうした必要性を認識し、自己検証の上で不足する能力について計画的な自己啓発を図る担当者ばかりではありません。また、直接の管理者である（支店長代理ほか）営業担当役席者も、昨今はいわゆるプレイング・マネージャー型が主流であり、時間に追われる中で必要十分な指導が行えているわけではありません。いきおい、担当者間に「とにかく数をこなすこと」に心を奪われる"手段の目的化"が横行することも珍しくありません。

　特に事業先顧客に対する新規開拓活動において顕著なのですが、実態上、大部分の金融機関が同様の信用調査機関のデータを参照し、「優良先」に区分される先に営業活動を行う状況が見られます。このため、「優良先」にしてみれば、訪ねてくる各金融機関の営業（渉外）担当者を自然と比較できることとなります。こうした実態を踏まえれば、当該先についての公開情報を漏れなく参照するだけでなく、所属する業種等についての理解を深め、"脚切り"に遭わないよう対応することが望まれます。

また、こうした優良先とのアポイントメント後の面談時には、実権者ほかキーマンが、面談時に"信号（シグナル）"なり"宿題"なりを出すことも少なくありません。営業（渉外）担当者もしくは営業店・金融機関全体に対して、「取引を希望するならば…」の観点でこれらを発した後、事後の反応・対応を注意深く見つめる行動を示すこともあるのです。

そこで、面談時にはこれらキーマンの言動に注意し、備忘用のノートに発言を書き留める対応等が必要となります。この際、先方の発言内容が理解できない場合には、可能な限り追加照会を実施して意図を確認します。理解できたことだけを書き留めるのではなく、それ以外も漏れなく記述しなければなりません。より具体的には、むしろ先方の説明を経ても理解できなかったり、必要十分に照会できなかった事項についても、カタカナ等で書き留めることが有効となります。これらの中に、重要なメッセージが含まれている可能性があるからです。営業（渉外）担当者が無用な濾過を行えば、これらが店舗や金融機関全体に伝わらないことになるため、留意が必要です。

その上で、帰店後に発言内容の不明部分を調査し、収集情報の全体像を把握し取引開拓・深耕に繋げていく行動が必要となります。また、こうした対応全般に、迅速さが求められることは言うまでもありません。

（2）事例

だいぶ寒くなってきた11月前半のある朝、他のメンバー同様に中野君も金庫室から渉外用品を出し、外出前の諸準備を行っていました。そうした準備が一段落した頃、中野君の机の脇に御茶ノ水課長が近寄り、しばらく話し込む様子が見られました。

①御茶ノ水課長	昨日「新規見込先」として訪問した、サガミコデザインについて聴かせてもらってもいいかな？
②中野君	もちろんかまわないですが、午前中の約束もあ

		りますので、あまり長時間でなければ。
		それと、サガミコデザインとの面談時の要点部分については、渉外日誌にも書かせてもらいましたが、そちらについてはもう参照されましたかね？
③御茶ノ水課長		そのことなんだけどね、記載内容から機器購入に伴う投資計画があることが分かるし、見込み金額も確認できたよ。
		それ自体は分かったんだけど、内訳そのものが書かれていなかったんで、具体的な中身が確認できないんだよね…。
④中野君		事業の主力はいわゆるウェブデザインなので、投資の大部分はコンピュータに関係するもののようです。
		コンピュータ本体やプリンタのほか、確か"クリエイティブ・スーツ"だとか何だとか…、"フォント"だとかも言っていたような…。
⑤御茶ノ水課長		背広のことじゃあないよね？
		でも、今話してくれたようなことが書かれていないと、分からないんだよね。
⑥中野君		すいません。どうしても英語やカタカナが多い一方で、メイン・デザイナーでもある社長が、あまりにも熱心に投資に伴う将来像を語るので、投資の明細を照会することで話を遮るのも悪いと考えた次第です。
⑦御茶ノ水課長		さっき言ってた、スーツだとかについての中身は、調べてくれたのかな？
⑧中野君		業種別事典など、店内での保有文献による確認は行いました。ですが、新興の業種ということもあり、特に確認らしい確認はできず、率直に言ってよく分かりませんでした。なので、不確実な情報を不十分な形で記載するよりも、中核部分の情報を記載したほうが良いと思って省いた次第です。
⑨御茶ノ水課長		それだと、投資の是非つまりは与信対応ほかについての最終判断が難しくないかい？

| ⑩中野君 | 　率直に言えば、どっちみち書いたところで、門外漢である我々金融機関スタッフには、中身までは分かりかねるとも思いました。
　実際のところは、他の仕事もありますので、渉外日誌の記述としてはこの程度でも良いような気もするのですが。 |

（3）事例から見る問題箇所
A②：相手先に対する基本情報提供に不十分さ

　店舗統廃合や人員絞込みの一方で、相応の目標値が課された近時の営業店は、営業店長以下在籍者が総じて忙しく、各々の目標に追われています。こうした中では、あらゆる打合せ機会にも相互に配慮が求められますが、その最も基本的なもののひとつは、必要事項の報告と確認です。

　本事例での中野君は、管理者である御茶ノ水課長に対し「午前中の約束」とだけ告げ、具体的な顧客名・訪問場所・時間等を何ら具体的に伝えていません。これらについて、（前営業日中などに）面談に先立って報告しているというのであれば、念のため再確認を行うことも一案となります。さらに言えば、既に予定された訪問のための諸準備を残すようなことがあれば、その所要時間を伝えることなども考えられます。「長時間でなければ」等の曖昧な表現も避け、できるだけ具体的な内容を伝達する姿勢が求められます。

B④⑤⑥共通：顧客発言中の不明事項への把握・照会に不十分さ

　営業（渉外）担当者の主要業務である「顧客との関係強化」のためには、顧客実態の把握は不可欠です。ⓐ顧客に対する情報提供、ⓑ顧客からの情報収集、ⓒ顧客に対する商品・サービスの勧奨、が営業（渉外）担当者の三大業務とも言えるでしょう。

　事例においては、情報・通信（IT）産業に関連したウェブデザイン業を示しました。わが国全体で低い経済成長が続く中にあって、数少ない成長業種のひとつであり、金融機関にとっても当然に重要な業種となります。他方、文字どおり加速度的なテクノロジーの変遷は、当事者にとって「優位であっ

た要素が陳腐化し"お荷物"となる」事態をごく短期に招く"極めて厳しい競争環境"となることを意味します。

　与信対応ほかを行う金融機関担当者にとっては、市場競争力をはじめとする顧客実態の詳細な把握や、その前提となる各種知識の修得が求められますが、難解なIT関連業種であってもその例外ではありません。

　事例における中野君は、不明点を含めた顧客発言の備忘対応が不十分であったことで、店舗への情報還元・金融機関（全体）での情報共有不十分の事態を招いています。その理由に「社長が、あまりにも熱心に投資に伴う将来像を語るので、投資明細を照会することで話を遮るのも悪いと考えた」旨を挙げていますが、根拠としては不十分と言わざるを得ません。実態を考慮しても、「相手先の気分を害することなく必要十分に実態把握を行うこと」こそが、"営業（渉外）担当者の腕の見せどころ"と捉えるべきでしょう。

　これらに対し、指導を行うべきはずの御茶ノ水課長も、（「スーツ＝背広」という）短絡的な駄洒落を発する一方で、「書かれていないと、分からない」とやんわりとした注意を行うにとどまっています（※正しくは、creative suit＝画像統合用ソフトウェア、を意味します）。この結果、中野君の意識や姿勢を変えるまでには導けていないことが窺えます。こうした事態の背景に、御茶ノ水課長自身の知識不十分に加え、中野君の現状に対する課題認識の不十分さもあることが見込まれます。

❸⑦⑧⑨共通：発言内容不明部分への（事後）調査に不十分さ

　金融機関の取引業種は、反社会勢力を除けば、理論的にはあらゆる業種・分野等に及びます。他方、（当然ながら）すべての業種・分野に亘って各種事情の詳細部分まで熟知し切る行職員はいません。

　しかしながら、「詳しい業種や分野がひとつもない」事態はあまりにも寂しく、現実離れしていると言わざるを得ません。実態を鑑みても、金融実務を通じ、様々な業種に詳しくなることは、金融機関行職員のある種の醍醐味とも言えます。また、与信ほかの対応にあたり、事実関係の調査を必要十分に行った上で適切な判断を行わなければ、係争時に善管注意義務に問われることにもなります。

事例における中野君は、面談時の聴取内容における不明箇所について、業種別事典など店内の保有文献との照合確認を行うにとどまり、内容把握不十分な状態となっています。把握すべき対象が、投資つまりは資金使途そのものという性格を踏まえれば、率直に言ってこれだけでは努力不足と言わざるを得ません。よって、専門書等の文献の参照や実務家への確認など、他の方策による確認を行うべきこととなります。

また、確認結果が「不確実な情報を不十分な形で記載するよりも、中核部分の情報を記載したほうが良いと思って省いた」行動に帰結するのは論外です。しかしながら、実務上でも「よく分からないので書かない・伝えない」対応は決して少なくなく、それゆえに自戒と管理の双方が必要となります。

これらについて注意喚起や改善を指導すべき御茶ノ水課長も、明確な指示を出さない結果、中野君の意見に引きずられ、事態を正しい方向に導けていません。

D⑩：情報還元についての基本的認識に不十分さ

多数の顧客の各々のニーズに応じた個別対応を同時並行でこなすことを余儀なくされる金融実務では、常に優先順位や強弱の考慮が求められます。そうしたニーズに向き合う経営資源が、有限であるからです。さらに言えば、多数のニーズに対して協働の中で補完し合いながらこなす姿勢が肝要となります。

事例の中野君が「他の仕事もあります」と発言したこと自体は、一人の顧客や一つの業務に囚われるあまり視野狭窄に陥る事態とはなっていないことを示しています。率直に言えば、この視点も備えるべきものです。しかしながら、それを踏まえた判断が「よって、この程度でも良い」とするのは、ある種の言いわけに使われているように聞こえます。

この前段での「どっちみち書いたところで、門外漢である我々金融機関スタッフには、中身までは分かりかねる」なる発言は、営業（渉外）担当者の行動に求められる本質を理解できていないことを示すものです。「どっちみち」ではなく、情報を必要十分に吟味した上で取捨選択すべきであり、「中身までは分かりかねる」のではなく、分かる（理解できる）ように記述しな

ければならないのです。

　こうした一連の発言の背景には、情報還元についての必要性認識の欠如が疑われます。

　あらゆる金融実務には「何のために（目的）」「どのようにして（手段）」についての、基本的な理解が求められるのです。

（4）本来なすべき活動

　顧客が行う金融取引は、日々の暮らしや（顧客の）事業活動の裏側に位置するものです。換言すれば、顧客が金融取引を希望する（＝何らかのニーズを抱く）背景には、日々の暮らしなり事業活動なりの中で、何らかの動機が発生しているのです。

　本書では主に事業を営む顧客を想定して記述を行っているため、それに沿って本項の説明を行います。事業所ほか顧客が与信取引を希望する背景には、投資・購入・支払等何らかの意向なり必要性なりが生じていることが見込まれます。他方、与信取引は契約条件どおりの回収をもって完結するものであり、その確実性について適切な審査を行うことは金融実務者の必須事項となります。

　金融機関は、反社会勢力を除いたあらゆる業種・分野の顧客との取引を行う可能性がありますので、それに伴う幅広い知識が自ずと求められます。しかしながら、それらのすべてを網羅的に把握することは現実的ではありません。どの業界にも現状における趨勢（トレンド）や近時の話題となる事項（トピック）があり、一般紙・誌で述べられている事項の一部が常識に該当すると考えられ、専門紙・誌や専門書に記された事項が専門知識に該当すると考えられます。したがって、「前者＋α」を理解することで「大括りの特徴」を理解し、業界内における顧客の将来像を捉えること等が現実的と考えられます。

　本項のテーマである顧客面談時の不明事項についての、ⓐ（追加）照会、ⓑ備忘のための記述、ⓒ事後調査、ⓓ情報還元・共有、は顧客ニーズや顧客の将来像を考える上での主要材料となります。この際のポイントは、ⅰ不要な濾過を行わず極力原型をとどめた形で還元を行うこと、ⅱ費用対効果を

勘案しながら事後調査を多面的に行うこと、となります。
　また、実務的には「迷ったら聴く・書く・伝える」姿勢が求められ、積極性・迅速性がカギとなります。

22 失念事項はないか？

（1）本書で取り上げる理由

　金融取引は、実のところ非常に多くの事務手続き・事務処理を伴う実態があり、顧客に提出を求める書類等も少なくありません。見方を変えれば、顧客属性や時間的制約の中でこれらについて漏れなく対応することが、商品・サービス提供の条件となります。

　他方、ベテランの金融実務家のうち「対応失念に気付いて肝を冷やした経験」のない方は、ほとんどいないのではないでしょうか。この背景には、ⓐ機械操作を含め具体的な事務取扱手法が非常に幅広く網羅的なため経験を通じてすべてを修得することが難しい、ⓑ事務取扱手法自体に高頻度の変更が見られる、実態があります。後者については、信用状態や与信総額ほか顧客実態の移り変わりに伴って対応が求められる事項に加え、法改正や制度変更、さらには金融機関内部の様式更新なども変更機会となります。

　これらのことから、営業（渉外）活動にあたっては、常に「対応失念事項はないか？」を自問自答する姿勢が求められます。自身では必要十分に理解・備忘対応していたつもりでも、知らぬ間に事務取扱手法が更新されている可能性もあるでしょう。書式が（組織内ＬＡＮ等によって）電子化されていないような金融機関では、内外の情報（更新）に対する感（応）度をより一層高めることも必要となります。

（2）事例

　月末と週末が重なった９月の最終営業日の夕刻、午後の訪問を終えて帰店した進君は、現金ほか急ぎを要する事務対応に向き合い、相応の時間を掛けて処理を終えました。深呼吸の後、心の中で「さて、来週の訪問予定を確認しないと…」と思っていたところ、向いの席の四ツ谷先輩がようやく帰店

PART7　活動の振返りを十分行う

しました。
　帰店直後の四ツ谷先輩に対し、進君が声を掛けた後、しばらく話し込む様子が見られました。

①四ツ谷先輩	やっぱり、期限間際にまとめてやろうと思っても、月末だと難しいもんねぇ…。 　進君はどうだったかしら？
②進君	え〜と、融資先の新規開拓のことですかね？
③四ツ谷先輩	そっちじゃなくて、投資信託のことよ。 　月初の営業会議でも、この間の店内検査の振返りでも言われてたとおり、購入価額との乖離が３割減以上の顧客へのフォローを今月末までに徹底するように指示があったじゃない。ノートか何かに書いておかなかったの？
④進君	えっ！ 　あれって、今月末の数値をもって来月までってことじゃあなかったんですか！？ 　会議の資料には乖離の平均値しか書かれていなかったんで…。
⑤四ツ谷先輩	違うわよ、先月末基準に対して今月末までよ。会議のときに、神田次長から厳しく注意されてたことを忘れちゃったの？ 　それに、今月に入ってからの私の渉外日誌でも、投資信託のフォロー絡みのことをたくさん記述しておいたじゃない。
⑥進君	会議では、資料を閲覧しながら話を聞くことに専念していたんで、特にメモはしませんでした。それに

171

		渉外日誌は"書くほう"で精一杯で、正直言って他の人の分までは深く読んではいませんでした…。
実際の活動では、今週の初めにも、購入後の価額が大きく値下がりしている先に訪問していたんですが…。
⑦四ツ谷先輩		フォローのためだけにわざわざ行くだけじゃなくて、そういう機会を捉えて是非活用すべきよ。
値下がった先に訪問したとき、先方はどんなことを言ってたの？
⑧進君		集金に追われて、そのときメモをちゃんと取っていなかったんですよね…。
投資信託自体も、僕の説明を契機に購入いただいた経緯があるので、正直言ってバツが悪いというのもありまして…。
⑨四ツ谷先輩		そういう気持ちも分からなくはないけどね。
今月末って言えば、進君が渉外日誌に書いていた、鳥沢木工の社長の「本社ビル１階の空きスペースに、外食事業者をテナントとして入居してもらいたいんだがどこか知らないか」の件は、どこか紹介できたの？
⑩進君		あ～、そう言えばあれも９月末までだったような…。
まだ候補先のリストアップも終えていないんですが…。

（３）**事例から見る問題箇所**

A ④⑥共通：確認・備忘対応等に不十分さ

　営業（渉外）担当者をはじめとする金融実務者が行う事務対応は、範囲も広く種類も細かい実態があります。それらの中には、直接の金融商品・サービス提供に纏わるもののほか、いわゆる事後対応や（本部・当局等への）報告対応の中で行うべき事項も含まれます。

　金融システムの担い手である金融機関には、一般事業者以上に公平・公正・健全な事業運営が求められ、経営実態を内外の複数の目線で確認・検証されるべきという一面もあります。報告対応は、これらのモニタリングに活

用されている意味合いも少なくありません。

　他方、営業（渉外）担当者の日常は、面前顧客からの各種ニーズへの応諾や、新規開拓・取引深耕目標を（何よりも）強く意識しています。このため意識・行動の双方で事後対応や報告対応を劣後させる事態もまま見られます。実態としては、事後対応や報告対応に関する指示・示唆・注意等について、"気もそぞろ"なことも珍しくありません。

　営業（渉外）担当者には、各種業務にバランス良く向き合う姿勢が求められ、実務対応としては、多数の事務対応・事務処理を各々の期限までに漏れなくこなすことが欠かせません。そのためには、関係事項についての必要十分な理解と備忘対応が必要となります。

　事例の進君には、「今月末の（投資信託の購入価額との乖離）数値をもって来月まで」「会議の資料には乖離の平均値しか書かれていなかった」との発言が見られます。事例では、会議の詳細部分までは読み取れませんが、進君の該当会議への参加は間違いないようですので、不明部分はその際に質問・照会等を行って即座に解消しておくべきです。

　進君からは、「会議では、資料を閲覧しながら話を聞くことに専念していたんで、特にメモはしませんでした」なる発言もあります。建設的な意見を発言するわけでもなく、備忘対応も十分に行わないようでは、「何のための会議参加か」との誹りを免れることはできないでしょう。

Ⓑ⑥：同僚動向の把握・活用に不十分さ

　非常に多くの人手を要する金融実務には協働が欠かせませんが、この"協働"の意味するところは、いわゆる役割分担に加えて、相乗効果も含まれると理解する必要があります。相乗効果の発揮・実現には、「どんなことに取り組んでいるのか」「どのようなことが（良い意味でも悪い意味でも）参考となるか」の共有・活用が欠かせません。

　改めて言うまでもありませんが、渉外活動（結果ほか）の回覧や、「チーム・係・課」等の単位での各種打ち合わせ・ミーティング等は、まさに共有・活用を目的に実施されるものです。よって各営業（渉外）担当者には、これらの参加機会に積極的な情報拠出とともに、他者情報の貪欲な吸収・活

用が当然に求められます。

　進君は、「渉外日誌は書くほうで精一杯で、正直言って他の人の分までは深く読み込めていません」と発言しています。自身の情報拠出部分だけを「自分の（まず第一に）行うべき仕事」と認識し、他者からの情報吸収に伴う二次活用を後手に回す対応ですが、こうした実態は珍しいものではありません。しかしながらこの姿勢では、他者の知識・経験を活用しない分だけ同様の過ちを犯したり、"回り道"をしてしまったり、収益機会の喪失の可能性を残すこととなります。

C⑥⑧共通：営業（渉外）活動における顧客対応に不徹底さ

　近時の金融機関の取扱商品・サービスは非常に幅広く、それに伴って事務対応も広域化・深化を余儀なくされています。理屈の上では、これら商品・サービスを顧客に最適に提供することで訴求力を高め、いわゆる顧客のメイン化や取扱件数金額・占有率（シェア）の向上を図るべきとなります。そのカギは、複合取引の成立にあります。

「今週の初めにも、購入後の（投資信託）価額が大きく値下がりしている先に訪問」「集金に追われて、そのときメモをちゃんと取っていなかった」なる発言や、「投資信託自体も、僕の説明を契機に購入いただいた経緯があるので、正直言ってバツが悪い」なる発言のような、単一の目的だけをもって訪問を行い、過去の経緯の後ろめたさによりそのことには（あえて）触れない姿勢を示していては、信頼獲得は難しいと思わざるを得ません。

　金融自由化に伴い、金融機関でも、預かり資産をはじめ「顧客側にも相応の責任を求める」リスク商品を取り扱い始めてから既に相応の期間が経過しています。これら商品の取扱いには確かに難しさもありますが、「顧客に対し必要十分な情報提供を行う中で各種ニーズに迅速に木目細かく応える」ことは他の商品・サービスと何ら変わりません。よって、神田次長からの指示の有無を問わず、投資信託の時価に対する感度を高めて、購入価額との一定の乖離が見られた時点で顧客側に積極的にコンタクトすべきとなります。ましてや、面談機会を問わず、備忘対応は常に当然に行うべきことであり、事例の口上は言いわけにもなりません。

🄳⑩:期日管理に不十分さ

　上記🄰の解説内容と重複しますので詳細は割愛しますが、金融実務上、カレンダーを利活用した期日管理は欠かせません。実態としても、当該期日管理を担当者のみならず（担当役席者ほか）管理者と共有し、適切な注意喚起の中で対応漏れや遅延を防ぐ手立てが講じられている姿が一般的でしょう。

　進君は、（「9月末まで」という）期限と（「候補先のリストアップも終えていない」という）途中過程での進捗管理の双方に管理不十分を窺わせる発言を行っています。日常における管理体制の見直し余地が見込まれます。

(4) 本来なすべき活動

　営業（渉外）担当者をはじめとする金融実務者が、顧客のニーズに応諾し金融商品・サービスほか各種機能を提供するためには、正確な事務手続きを漏れなく行う必要があります。個人ローンを例とすれば、ⓐ申込書類の提出を受け、ⓑ保証機関に保証審査を申請し、ⓒ承諾時には稟議を作成して決裁を受け、ⓓ顧客口座への送金により実行する、スキームです。これらすべての過程で、顧客・所管本部・外部機関等と連絡を取り合って一切の間違いがないように対応することが必須条件となることに加え、個々の手続きには各々期限もあり、迅速さも求められます。

　金融実務には「失念をはじめとする対応漏れや遅延を滅失させるため奮闘する」一面も持ち合わせています。このため、ここでは、「失念」についてごく簡単に考察します。この他にも様々な分析・整理が可能ですが、一例としては、以下の分類も可能となります。

切り口	分類例
必然性と機会	ⓐ「やるべき事項」の失念（事務対応／備忘対応なども含まれる）
	ⓑやったほうが良いことの失念（機会喪失）
端緒（キッカケ）	ⓐ顧客からの要望に対する失念
	ⓑ自身での働き掛けの失念

（負の）影響度	ⓐ損害賠償や大きな損失等を余儀なくされる失念
	ⓑ軽微もしくはほとんど影響のない失念

　上記分類では、ⓐ側に失念に伴う影響度の大きい事項を列記しました。担当役席者ほか管理者による管理にあたっては、これら影響度ほかを考慮し、優先順位を付けることも一案となります。

　他方、営業（渉外）担当者を取り巻く環境に視線を向けると、以下の「失念を誘発する事項」があることが見逃せません。

> ・実際のところ、事務処理部分の詳細部分まで網羅された規程・事務取扱要領・マニュアルを「完備」した金融機関はないことが考えられる
> ・業務推進・審査・事務部門をはじめとする事務取扱変更ほか通達が"雨霰（あめあられ）"の形で毎日のように発信され、1週間も席を空けると「すっかり遅れて理解できない」「多過ぎて読み切れない」"浦島太郎"状態になる

　上記を踏まえれば、カレンダー記入形式の"予定管理表"等を担当者自身のみならず「チーム・係・課」等の単位で共有し、複数の"目"でチェックすることが必須条件となります。実務上は、最終期日のみならず途上段階でも進捗管理を実施し、必要に応じて他の行職員や本部等の協力をも仰ぐべきこととなります。

23 不用意な約束はしていないか？

(1) 本書で取り上げる理由

　営業（渉外）者が顧客と交わす会話の中身には、（本書でこれまで数多く触れた）情報提供・収集や事務手続確認等にとどまらず、取引条件を巡る交渉に関する事項が含まれます。

　実際のところオーバー・バンキング環境を背景に、融資取引ほかにおいて、金融機関側が設定した"基本条件"の範囲を超える申し出がなされることも珍しくありません。加えて、前項で述べた商品・サービスの拡充とそれに伴う事務取引の複雑化が相まって、以下の事象を招く傾向が見られます。

陥りがちな思考	まま見られる困った事象
とにかく実績を上げたい	件数・金額欲しさに（権限を超えて）約束してしまう
今さら訂正できない	事務取扱ほか前提知識が不十分な中で、その前提に則って（誤った認識のまま）約束してしまい、事実認識後も「今さら訂正できない」と思い込む

　このほか、上段の変形として、顧客実態に同情する中で「その事情であれば権限者や本部も理解できると思います」と告知してしまう可能性もあります。また、下段の変形として、多忙な実態を背景に「やりたくない・面倒くさい」意識が先行し、正確な裏付けのない思い込みで応じてしまう可能性もあります。

　言うまでもないことですが、これらはすべて許されぬ行動となります。他方、顧客の視点では、一刻も早く金融機関の回答が欲しいため、そのための

交渉や督促に注力することも珍しくありません。こうした結果、金融機関の融資対応ほかを巡っての水掛け論が時に発生することとなります。

しかしながら、たとえ早期の回答を求める顧客の意向に沿っての対応であっても、不用意な行動は軽率と言わざるを得ません。逆説的には、役席者ほか管理者にあっては、日頃からそうした言動を発しないよう注意喚起の上、案件対応の進捗確認時等に念のため（再）確認を行うことも求められるでしょう。

(2) 事例

月末の見込数字の報告が求められる月中15日（つきなか）の夕刻、顧客先への渉外活動に出掛けた御茶ノ水課長がたねまき支店に帰店すると、すぐに神田次長に呼ばれました。どうやら、御茶ノ水課長の帰店を待ち侘びていた様子です。

ただならぬ雰囲気を感じた進君ほか営業（渉外）担当スタッフが見守る中、神田次長と御茶ノ水課長はすぐに店舗のロビー隅の来客用応接コーナーに向かいました。そこで向き合った二人が、何やら小声で話し込んでいました。

①神田次長	帰店後すぐに悪いわね。 実は、パチンコ業の大月パーラーの社長から（御茶ノ水）課長宛てに電話があったのよ。外出中だったんで私が代わりに出たんだけど、いろいろ話し込まれたわ。 そのことについて、取り急ぎ聞かせてもらいたいんだけど良いかしら？
②御茶ノ水課長	分かりました。電話があったのは、何時頃ですか？ お聞きになりたいのは、一昨日、私が先方に訪問した際にご相談があった条件変更のことですかね？
③神田次長	そのとおり。電話そのものは13時前くらいにあったわ。

		社長としては、「単に返済を猶予してもらっただけでは、融資の期間が長くなるだけで現状打破できない」「追加借入分を新台交換費用に充当し、一気呵成に状況改善を図りたい」と考えているみたいだったわ。 　そうした話を営業担当の役席者である御茶ノ水課長にしてみたところ、まさかすぐに内諾まで受けてもらえるとは思わなかったので、「お礼をしないと」って思っているみたいなの。
④御茶ノ水課長		こちらはそこまではっきり言ってはいないのですが、社長は、私のどの発言をもってそう言っているのでしょうか？ 　次長との会話の際に社長がどんな言い方をされていたのかを、詳しくお聞きしたいのですが。
⑤神田次長		申しわけないんだけど、細かい部分まではメモし切っていないのよ。 　逆に、一昨日の面談時の記録を遡って見てみたんだけど、そこまでの記述はしていなかったんだけど、どうコメントしていたのかしら？
⑥御茶ノ水課長		「取り急ぎ検討します」「できる限りの支援をさせていただきたいと考えています」とだけ伝えました。
⑦神田次長		う〜ん…、社長としては、追加融資にも応じてもらえると考えているようだったんだけど…。
⑧御茶ノ水課長		確かに「１週間前後を目処に返答させていただきます」とは言いましたが、それ以上のことは断じて言っておりません。 　神田次長もよくご存知のとおり、返済猶予を行う先に対して、追加融資は通常行っておりません。よって、本部側の承認も必要となるため、そんなに簡単に対応できるとはそのときも今も捉えていませんよ。
⑨神田次長		本部側の感触はどうなの？
⑩御茶ノ水課長		まだ、担当者と一度話しただけの段階なのですが、

> 内容をメールか文書で提出して欲しい旨依頼を受けています。なので、これから作成対応を図るところです。

(3) 事例から見る問題箇所

A①：帰店直後の営業（渉外）担当者管理への配慮に不十分さ

単独で店舗外へ訪問し顧客との面談を行う活動を基本とする営業（渉外）担当者には、帰店後に取り急ぎ実施すべき事項があります。このうち、代表的な事項を以下に示します。

> ⓐ緊急に共有すべき事項を伝達・共有する
> ⓑ不在中のメモや電話連絡等に対して緊急性の有無等を事実確認する

金融機関が向き合う顧客数は非常に多く、取引の絶対数も膨大な分量に達します。また、取引増加に伴って、各種の苦情やトラブルが発生する現実もあります。実務上は、これらを含めた影響度ほか優先順位を勘案しながら店舗や金融機関全体の協働体制で向き合うこととなりますが、そのためには、正確・詳細な現状把握が欠かせません。

事例の神田次長は、御茶ノ水課長が外出・不在中に受けた電話の内容に驚き、御茶ノ水課長が帰店後にすぐにこの検証にあたっています。一見すると「不明な点を迅速に明らかにする」正しい行動のように映りますが、御茶ノ水課長の担当業務は幅広く、神田次長が注視した顧客・事象以上に緊急性を有する事案を保有している可能性が否定し切れません。

よって本来は、あくまでも他の緊急案件の有無等を確認し、必要に応じて他者への割振り等をも指示した後に、不明な点に向き合うべきです。可能であれば、本件に纏わる所要見込み時間等も伝えられればなおベターとなります。

B③⑤共通：電話応対時の備忘対応の徹底不十分

電子メールが相応に普及した昨今にあっても、金融機関における顧客との連絡手段は電話を介した通話が最も幅広く利用されています。電話は手軽に話せる一方で、録音機能付きの特殊な機種を除けば、通話内容を記録できな

い一面を合わせ持ちます。このため、通話の際には必要に応じてメモを書き留めるなどの備忘対応が必要となります。

事例の神田次長は、大月パーラー社長の発言に対し「考えているようだった」「思ったらしい」と自身の解釈を述べる一方で、「細かい部分まではメモし切っていない」という発言が見られます。喫緊性ほか重要性の高い事案に向き合う際の対応として十分とは言えない内容です。

金融実務者であれば、大月パーラー社長との通話開始時点で、念のため注意深くメモを取りながら通話に臨むべきです。何歩か譲っても、同社長の発するメッセージに含まれる重要性に通話途中で気付くことが求められ、その時点からある程度遡ってでも、事実関係を（再）聴取しメモに残すべきこととなります。

その上で、御茶ノ水課長に対する事実関係の確認時には、同社長の発言を文書形式等で極力ありのまま示し、検証を加えることが必要となります。神田次長の言う「13時前くらい」の時点で電話を受けていたのであれば、他によほど大きなトラブルでもなければ、夕刻の事例時点までに文書化することは十分可能と推察されます。自身の解釈をただ述べるだけでは、細かいニュアンスなどに齟齬が生じる可能性が残ります。

なお、神田次長の解釈に含まれる「話を営業担当の役席者にしてみたところ、すぐに内諾まで受けてもらえるとは思わなかった」という部分は極めて重要な意味を持ちます。顧客等外部から見て「一定の権限を持つ」と見込まれる職位の行職員による発言には、ヒラ行職員とは異なり、係争発展時には司法側に「外部の第三者に期待を与える職位」と判断される可能性があるためです。

Ⓒ④⑤⑥⑧共通：情報還元に不十分さを残す

信用状態ほかに基づいて対応を審議（審査）し、その結果をもって商品・サービス提供を行う融資商品をはじめとして、金融機関は、顧客に無条件で金融機能を提供しているわけではありません。実際のところ、金融機能の利用を希望しながらもそれが享受できない個人や事業者が相応に存在し、そうした対応を巡って苦情やトラブルが発生する余地を残す一面があります。

単独・店舗外の活動を基本とする営業（渉外）担当者には、苦情やトラブルへの遭遇時にも、単独で事実関係を立証することが求められます。このため、苦情・トラブルへの発展可能性についての感（応）度を高めた上で、外出先等で備忘対応を行い、帰店後に可能な限り迅速・詳細に情報還元することが求められます。

　事例の御茶ノ水課長は、事例の一昨日前に、返済猶予の申し出という高い頻度で苦情・トラブルに発展する事象に向き合っています。また、その際に「そこまではっきり言ってはいない」「『取り急ぎ検討します』『できる限りの支援をさせていただきたいと考えている』とだけ伝えた」なる発言が見られます。さらには、「『1週間前後を目処に返答させていただきます』とは言いました」という発言までもが見られます。事例の協議時点まで、神田次長ほか店舗全体との間で十分な情報共有がなされていなかったことが窺える発言です。

　本来であれば、返済猶予の意思確認時点で、将来の係争への発展等をも念頭に置いた事前対応が求められます。その中には、面談内容をノート等に備忘対応の上、帰店後に速やかに口頭報告や渉外日誌策定等により情報還元・共有を図るべきですが、それがなされていないことが見込まれます。

　他方、こうした実態の改善に注意喚起や指導を行うべき役割を担うはずの神田次長も、事実確認に追われるばかりで、これら一連の対応実態に対して注意らしい注意を行っていません。

D⑧⑨⑩共通：事後対応への迅速性に不十分さ

　融資ほか金融機関の取扱商品・サービス提供には、その各々に決裁権限が定められ、金額・金利・担保保証ほか各種条件を含む対応の可否が判断されることとなっています。こうした中で、通常の枠外での条件対応を（"異例扱い"として）希望する顧客に向き合う際には、実態や対応原案を権限者に迅速に示し、正しい判断を導くよう留意する必要があります。

　事例の御茶ノ水課長は、「返済猶予を行う先に対して、追加融資は通常行っておりません」「本部側の承認も必要となる」という一方で、所管本部への対応としては「担当者と一度話した段階なのですが、内容をメールか文

書で提出して欲しい旨依頼を受けており、これから作成対応を図るところ」というコメントもしています。端的に言えば、典型的な対応遅延であり、異例認識と行動が合致しない"言行不一致"状態です。顧客に対し迅速に回答するためには、これに先立った事務取扱いも迅速に行わなければならないことは言うまでもありません。

 その意味からも、当初の渉外日誌等の記録を正確・迅速に文書で作成すれば、当該日誌等を転用する形で所管本部との情報共有が容易に対応できることとなります。

(4) 本来なすべき活動

 事業を営む顧客等が金融機関に最も期待することは、何と言ってもいざというときの"頼みの綱"（※英語で"last resort（ラストリゾート）"とも言われます）の役目です。決済資金不足をはじめとする不測事態発生時等の信用供与が代表的事象ですが、そうした緊急時点では急場を凌ぐことが第一で、その後の返済のことは顧客にとって二の次となりがちです。他方、金融機関側にしてみれば、返済の見込みのない資金は相手を問わず供与できないため、もとより原始的なギャップが存在しています。

 近時、金融機関の与信判断を解説した書籍ばかりか、より直接的な「金融機関との付合い方・交渉術」等を標榜する書籍までもが出版されています。税理士資格の保有者や金融機関退職者によるコンサルタントも少なくないため、顧客との交渉にあたって注意を要する環境にあると言って良いでしょう。

 実際のところ、今なお浮き貸しや損失補填など、顧客対応の誤りが大きな事件に発展する事例が断続的に発生しています。これらすべてが不用意な約束から発展したものではありませんが、一定の相関が見られることも事実です。

 また、そこまでの事件性は認められないものの「時間が経過し、言うに言えない環境」に陥ってから発覚する、いわゆる"握り込み"に至る事例も少なくありません。仮に本人の利得ほか犯罪性が認められなくとも、顧客からの信用失墜をはじめ、金融機関全体として受けるダメージも極めて大くなります。

有り体に言えば、不用意な約束は、大部分が営業（渉外）担当者の軽率な行為に起因するものです。よって、口頭であろうが文書であろうが、こうした行為を全般に亘って禁止する必要があることは言うまでもありません。
　この一方で、不用意な約束が疑われる事象の発覚時には、どんな背景や意図の下で営業（渉外）担当者等がそうした発言を行ったのかを迅速に把握の上、次善策を講じることが必要となります。その際には、これら把握のために改めて相手方に時間を求めざるを得ないこととなりますが、相手方に、資金繰り対応ほか一刻を争う事情を抱えている可能性があることにも留意しなければなりません。この際には、時間を求めたことを契機として新たに（「対応が可能となる」という）期待を与えることのないように、より一層発言に注意する必要もあります。
　このような事象が発覚した際に、顧客と金融機関当事者の間で言い分が食い違う事態となることもごく自然なことです。その前提に立って事実確認を行うことが求められます。
　なお、これら「不用意な約束」を考える上で認識すべき事象に、人間誰しもが持つ「持って生まれた弱さ」があります。筆者は"性弱説"と呼んでおりますが、程度の大小はあれど、こうした要素は職位や性別等を問わず全員が持っていると捉えるべきとなります。

24 今後の顧客対応に不安な事項はないか？

（1）本書で取り上げる理由

　顧客の"命の次"に大事な財産を取り扱う金融機関行職員には、必要条件として、間違いのない堅確な事務対応が求められます。他方、近時の金融機関が取り扱う商品・サービスの分野・種類は幅広く深く、これらのすべてを絶対に間違わないように処理するだけでもかなりの注意が強いられることとなります。

　営業（渉外）担当者の活動に目を移せば、複雑な事務対応ほかに不明点や不安を残しながらも、日々の活動に忙殺されることが珍しくありません。こうした結果、当初は不安だったもののいつしかそうした状態にも慣れてしまい、実際の顧客対応時に困窮したり、苦情やトラブルが発生した時点でひどく後悔する羽目になることもあるようです。

　解決にあたっては、理屈の上では、時間を見つけて事務取扱方法に自ら向き合い、不安を自信に転嫁させていくことが求められます。これは、精神論の範疇だけで語っている事象ではなく、そうした活動なしには現実に顧客の信頼を失いかねないことも明らかです。そうしなければ、結果として商品やサービスも売れません。

　顧客は、黙して語らずとも、営業（渉外）担当者の言動を逐一観察し、様々な評価を随時行っています。顧客による金融機関の選別は、これら評価の合算により総合的になされると捉えるべきなのです。

（2）事例

　融資ほかの書き入れどきに当たる第三四半期のある日、夕刻に帰店し急ぎの事務処理を終えた進君が翌営業日以降の電話予約（アポイントメント）を取っていたところ、電話を切った直後に背後から肩を叩かれました。振り向

くと、そこに立っていたのは高尾支店長で、にっこりと手招きされました。

その後、支店長机まで誘導された進君は、支店長としばらく話し込む様子が見られました。

①高尾支店長	ずいぶん頑張ってるみたいだけど、何をやっていたところかな？
②進君	「秋の講演会」の勧誘に先んじた面談予約を四ツ谷先輩や中野君とも競争する形で実施していました。こういうのは、ただチラシを置いてきても効果は薄く、実権者と面談して開催の趣旨なり講師の魅力なりを伝えないと、集客に結びつかないと思って取り組んでいます。
③高尾支店長	それはご苦労さま。 　ところで、前江さん（＝進君）の渉外日誌を読ませて貰ったんだけど、昨日会った四方津人材派遣サービスの社長さんは、労働法規の改正について何も言ってなかったかな？ 　渉外日誌には、従業員に対する給与振込のセールスの結果以外に何も書かれていなかったんだけど…
④進君	正直に言えば「法解釈が幾通りにも可能でまいってる」「できれば、他社の対応状況を知りたいんだが」って言ってました。
⑤高尾支店長	やっぱりそうだったか。 　先週、地区の法人の集まりがあったときに、社長とたまたま隣の席になって、私に対してもそういったことを言っていたからね。
⑥進君	社長からは、「改正に伴ってコンピュータ・システムのプログラムを見直さないといけない」と考えているようなことも聞きました。

		たねまき支店全体の融資が伸びない中なんで、こうした声には是非応じたいと思っています。ですが、そのためにはそれに先立って法律ほかを読み込まないといけないんで、そういったことをやってから対応について報告しようかと思っていました…。
⑦高尾支店長		四方津人材派遣サービスとの次の面談予定は、いつになっているのかな? そのときまでに、どんな準備ができるのかな?
⑧進君		満期を迎える定期預金の書替対応があるため、来週早々の訪問を予定しています。 面談に先立っての準備は…、それをこれから考えないと…って思ってはいるのですが…。
⑨高尾支店長		大丈夫? 間に合うのかな? コンピュータ・システムのプログラム見直しについても、情報提供ができるといいよね。
⑩進君		確かにそうですが、正直言って不安先行ですね…

(3) 事例から見る問題箇所

A ②⑥共通:優先順位や協働について再考余地あり

　金融機関の営業(渉外)担当者に課される"目標"等は幅広く、それ以外の「当然にやるべき」と解される業務も加わるため、結果として種類も分量も非常に多くの数値を意識することとなります。営業(渉外)担当者には、これらについて、全体を俯瞰した上で優先順位を考慮し、漏れなくバランス良く向き合う姿勢が求められます。

　地域への社会貢献や顧客サービスのため、金融機関が講演会等を主催あるいは後援することは珍しくありません。他方、こうした中においても、既往取引先から具体的な情報提供ほか様々な要望が寄せられることも日常的です。

　事例ではこの2件について、進君が前者を優先し、後者を劣後させていることが窺えます。さらに言えば、前者については進君のみならず、同じ営

業（渉外）係に属する四ツ谷先輩や中野君と競い合うように面談予約が実施されている旨が記載されています。率直に言えば、これらはいずれも再考の余地を多大に残すと考えざるを得ません。

　結論から言えば、融資取引の可能性が具体的に見込める先からの具体的な情報提供依頼への応諾は、あらゆる業務の中でも最も早急に対応すべき事項のひとつとなります。よって、講演会への勧誘がこれに勝ることはありません。また、あらゆる業務については、繁閑や喫緊性を踏まえて他の同僚と助け合いながら実施することが求められますが、その意味でも再考余地を残すと考えられます。

B④⑤⑥⑧共通：情報還元・共有に不十分さ

　営業（渉外）担当者が顧客との面談時に収集した情報のうち、喫緊性ほか重要度が高いと見込まれるものについては、迅速な還元・共有が求められます。

　事例の進君は、面談時の情報を口頭や（渉外日誌ほか）文書に残さず、共有対応を行っていないことが窺えます。また、高尾支店長も「先週、地区の法人の集まりがあったときに、社長と隣の席になって、私に対してもそういったことを言っていた」と発言し、この時点まで共有対応を行っていないことが窺えます。高尾支店長には、本来こうしたことについて注意喚起をして修正するよう導く役割が求められますが、自身もその責務を果たしていなければ、他者への説得力を欠くことになります。

　また、進君の発言からは、次回訪問予定日も（渉外日誌等に）伝達・還元していない可能性が見込まれ、こちらについても注意が必要となります。

C⑧⑨⑩共通：事後対応についての計画性に不十分さ

　顧客から具体的な情報提供依頼が寄せられた場合には、対応の可否を含め、可及的速やかな対応が望まれることは言うまでもありません。そのためには、前提となる調査・分析・考察を含め、手法や所要時間（日数）を当て込んだ対応計画が必要となります。

　進君は「先立っての準備は…、それをこれから考えないと…」「正直言って不安先行」と心情を吐露する一方で、何ら具体的な手法や見通しについて

発言していません。また、それを聴いた高尾支店長にも、本来は他の役職者等を介して途上段階でも進捗管理を行って具体的な指示・示唆により解決に導く役割が求められるところ、何らこうしたことへの言及もありません。

顧客は、情報提供等を必ずしも単一の金融機関にだけ打診・依頼しているとは限りません。異業種や競合先を含む複数に同様に声掛けを行っている可能性もあります。よって、情報提供にかかる直接的な依頼を受領した際には、こうしたことをも念頭に置いて対応期限を確認しながら、所属金融機関全体の総合力を駆使して速やかな対応を図ることが必要となります。

（4）本来なすべき活動

どんな仕事にも不安はつきものですが、それをただ精神論だけで跳ね除けることは適切ではありません。（事前の）諸準備によって解消や極小化が可能な不安については、積極的に対策を講じるべきこととなります。他方、金融実務者の一部には、こうした不安や不十分な準備実態を上司や周囲に知られること自体を嫌気し、その事実を含め自己の範疇にしまい込む向きもあります。そうしたこと自体に、自身・第三者の双方で注意が必要となります。

実態としては、こうした準備には、相応の時間が必要となります。これらを鑑みれば、「時間を如何に有効に使うか」がカギとなります。いわゆる"優秀な営業（渉外）担当者"とそれ以外の差異は、時間の使い方に帰結するとも言えます。一日は誰しも24時間しかないことに加え、近時の金融機関では、残業や持帰り仕事を厳しく制限する姿が一般的となっている一面もあるからです。

営業（渉外）担当者に対しては、不明点や不安箇所をそのままにしておかない姿勢が求められます。この際、「忙しい・面倒くさい・後でやろう・そのうち」の意識が勝ってしまうことも、前項で述べた人間誰しもが持つ「持って生まれた弱さ」なのです。

事例で示した情報提供要請は、直接には「顧客が営業（渉外）担当者に依頼する」形であるものの、その実は"窓口"として依頼しているに過ぎません。突き詰めれば、（営業（渉外）担当者）個人に対してではなく、金融機関全体に対して依頼しているのです。当該事実を踏まえれば、ⓐ営業担当者

が依頼を受領後、速やかに当該事実を還元・共有すべきこと、ⓑ解決には自身だけでなく組織全体で向き合うこと、が導かれます。単なる転嫁ばかりでは困りますが、極論すれば、黙って抱えてしまうことよりも他者に伝わるように騒ぐほうが、状況が共有される分だけベターなのです。

　また別の着眼点としては、激しい競争環境の中で、競合金融機関ほかに顧客を奪われる不安を抱いているかもしれません。しかしながら、健全な競争環境の形成は市場の拡大に欠かせません。取ったり取られたりすることは、業種を問わずにどこにでもあること、とするある種の割切りも必要なのです。

第Ⅱ章

他者の視点の活用事項

営業（渉外）活動の充実に伴ってなされる顧客へのサービス機能充実等の実現のためには、自身のみならず他者の視点、つまりは知識・経験・発想等の活用が極めて有効となります。この際、単に「甘える」のではなく「活用する」、もっと言えば「活用させてもらう」ことが肝要となります。端的に言えば、単に委ねて転嫁するのではなく、あくまでも自身の視点を持った上で他者の視点を引用・対比すべきこととなります。

　もちろんのこと、日常の各場面において、上席者である管理者あるいは統括者から、折に触れて助言・示唆・指導・解説あるいは叱責等がなされていることと思います。先輩や同僚と意見交換を行っている場面も少なくないことでしょう。しかしながら、営業（渉外）担当者にとって一番身近な他者であるこれら行職員についても、総じて非常に多忙な中で、見直し対象部分のすべてについて話し合う時間が十分に確保できているとは限りません。

　概して言えば、日常の指導や意見交換は喫緊性の高い個別業務への取組みを選択・抽出の上、そうしたものに限定して行われている形態が大半であると考えられます。「営業（渉外）活動」という幅広い業務の充実のために他者の視点を反映させようとすれば、幅広い分だけ時間を要する一面があることから、現実的な対応としてそうした活動が選択されているのです。

　本書においては、上記実態を踏まえ、個別業務ではなく全体に共通する本質的な主題に着眼することとします。日常においてあまり突っ込んだ指導や意見交換がなされていない実態が窺えることから、当該主題に沿ってごく簡単に解説させていただきます。営業（渉外）担当者が「基本的なものの考え方」を整理・再考する上でその一助となるはずです。

　中でも、最初に述べる「顧客の視点」は最も重要な視点であり、営業（渉外）担当者全員が等しく理解しておくことが不可欠となります。言うまでもなく、営業（渉外）担当者が思考や行動を選択する際の"判断の拠り所"となるためです。

1 顧客は金融機関に「何」を求めているか？

　金融自由化に代表される時代の移り変わりとともに、金融機関が取り扱う商品・サービスも、順次拡充が図られています。この結果、新卒等での就職後や初めての営業（渉外）担当者任命後に修得すべき事項も、往時と比べ飛躍的に分量が増えています。一例として、情報通信（ＩＴ）技術の発展の中で各種機器の取扱いを説明する事項も大幅に増加し、対象となる機器の操作を理解すること等も求められることとなっています。

　しかしながら、こうした事情の中にあっても、顧客が金融機関に求める事項については、根本的・本質的な変化はないように感じています。端的に言えば、それは以下の２点に集約されると考えます。

（１）（顧客に対し）真摯に商品・サービス提供を行うこと

　当然のことながら、顧客は金融機関に対し、真摯な姿勢で金融機能を提供することを希望しています。顧客が金融機関に求める事項のうち、必要条件に該当すると考えます。

　このため、金融機関従事者は、職位・年齢・性別・雇用形態の一切を問わず、「常に（例外なく）誠実な対応で顧客に臨む」ことが求められます。端的に言えば「真面目に取り組む」「約束を守る」「嘘をつかない」等の姿勢に集約されますが、不測事態発生時にも「迅速に次善策を講じる」「言いわけをしない」等も含まれることとなります。

　上記を換言すれば、社会的規範としての常識・良識が問われていることに他なりません。近年話題に上ることの多いいわゆる"コンプライアンス"に関する取組みについても、本質的な課題やニーズの所在はここにあると考えられます。

　信用状態ほか顧客の実態に応じた対応が適時適切に求められる金融実務で

は、顧客のニーズに必ずしも十分に応えられるとは限りません。時には、当初は対応が可能であった商品やサービス提供が、途中の過程で方針転換をせざるを得なくなる事態もままあります。そうした事態に陥った際には、「話が違う」「金融機関の都合ばかりを優先する」と認識されることも珍しくありません。誤解を恐れずに言えば、金融業務は相対的に苦情やトラブルが生じやすい業務なのです。

　このような苦情やトラブルの発生を防止・抑止し、顧客に真摯な印象を与えるためには、商品やサービス提供にあたっての前提条件を顧客に必要十分に理解しておいてもらうことが不可欠となります。よって営業（渉外）担当者には、理解の前提となる資料提供や説明を適時適切に実施することが求められるのです。

（2）（顧客にとって）有益な活動を行うこと

　人口ピラミッドからも窺えるように、わが国の人口成熟化・少子高齢化傾向が顕著な一方で、中国ほか成長著しいアジア諸国の台頭が見られます。また、グローバル化する経済環境の下で、米欧の経済危機や長期的な円高傾向が、輸出産業をはじめとする事業者に大きな影響を与えてもいます。

　上記事象ほかを背景に、わが国実態経済の低迷は長期に及んでいます。こうした中にあっては、顧客もデフレ下における生活防衛や、生き残りを賭けた競争状態に追われることとなります。金融機関に対しても、（潜在ニーズを含め）従来以上に多種多様なニーズが寄せられることは想像に難くありません。

　実のところ、「顧客が金融機関に希望する事項」等の各種アンケートは、これまでも相応に実施されています。これらの結果から窺える傾向には、大括りで以下の共通項が見られます。

切り口	内容
評価事項	礼儀作法・マナー・対応の親身さ
不満事項	機器設備・情報提供・相談対応

　つまるところ、顧客は金融機関に対し、現行の商品・サービス姿勢への

"プラスアルファ"を希望しています。顧客が金融機関に求める事項のうち、十分条件に該当すると考えます。

そのうち注目すべきは、主に情報提供と相談対応となります。個人顧客であれば「今後の子女の成長・退職・加齢等に伴って必要となる費用」、事業を営む顧客であれば「着眼点や他の事業者紹介」などがそのカギとなるでしょう。特に、わが国事業者の大多数を占める中小・零細企業は「代表者（社長）＝会社」の色が濃く、毎日の業務に追い立てられる中で情報収集・調査・分析の時間もままならない姿が一般的だからです。

提供情報や相談対応の品質向上には、何よりも顧客側のニーズの正確・詳細な把握が不可欠となります。いくら詳しい情報提供や応答を行っても、ニーズに合致しなければ、何の意味もないからです。総じて実直な性向を持つ金融機関の行職員は、先んじて各種知識の修得や提供・返答情報の準備を図る姿勢を示しがちです。しかしながら、まずもって顧客の希望内容やその背景にある事象を正確に捉えなければならないのです。

2 役席者は営業(渉外)担当者の「どこ」を見ているか?

　営業(渉外)担当者の非常に身近な存在である役席者は、日常の活動管理を行い、必要に応じて指導をも実施していることと思います。また別の切り口では、営業(渉外)担当者の人事考課を行い、昇給・昇格や登用に対する意見を付す面も兼ね備えているかもしれません。

　そんな役席者が、営業(渉外)担当者を見る目は、営業(渉外)活動にとって非常に有益であることは間違いありません。もちろん役席者も"人の子"であり、人数の分だけ個性を持っていますが、共通した認識も見られるようです。端的に言えば、それは以下の2点に集約されると考えます。

(1) (営業(渉外)担当者の)人間性が信頼に足るか否か

　営業(渉外)担当者の活動形態は、店舗外での単独行動が基本となります。このため、役席者による管理も、当事者(=営業(渉外)担当者)自身からの報告を基本とせざるを得ません。それゆえに、当事者からの報告についての信憑性が管理(全体)に与える影響が、絶対的な水準となります。

　こうした信憑性の有無は、営業(渉外)活動に限定されるものではなく、活動全般に及びます。つまるところ、営業(渉外)担当者の人間性自体に信頼が置けるか否かがポイントとなります。役席者が営業(渉外)担当者を判断する際の事項のうち、必要条件に該当すると考えます。

　長期安定的な信頼関係は、当事者のうちどちらか一方だけの意思や希望の上には成り立ちません。よって、営業(渉外)担当者が「役席者からの信頼を得る」ことを希望するならば、まずもって役席者を信頼し、役席者に向き合うことが必要となります。そうした姿勢の下で意思疎通を積極化させ、役席者の本意を把握した上で、期待値を超えることがカギとなります。

　営業(渉外)活動にあたっては、都合の悪いことを含めて、嘘をつかずに

迅速に報告することが当然に求められます。他方、一人一人の人間は誰しも持って生まれた弱さを持っているため、ときに常識外の思考・行動を示したり、易きに流れてしまう一面を備えています。それは、役席者も例外ではなく、役席者はそうした根源的な性向を踏まえた上で、営業（渉外）担当者の実態を見つめているのです。

（2）（営業（渉外）担当者自身の）明確な意思が見られるか否か

営業店の実務は、連日同様のことを繰り返す一面があり、また、営業（渉外）担当者が直接向き合って捌かなければならない事務処理も相当量に達します。こうした中で、営業（渉外）担当者にも、日常に流された「計算が合いさえすれば良い」という手段の目的化や、「上席者や本部に与えられた仕事をこなせば良い」という受動的姿勢がまま見られます。

役席者への昇格・登用は、一般の営業（渉外）担当者にとって当面の目標と考えます。それでは、現在一般職にある営業（渉外）担当者の読者各位は、念願叶って役席者に昇格・登用された際には、どのような姿勢で部下や後輩に臨む役席者になりたいでしょうか。現実的には、昇格・登用後に初めて考案するのではなく、現在から考え、昇格・登用時にその実践が可能となるよう準備を行う対応も求められます。

視点を変えれば、大多数の役席者にとっては、自身の思考・発想を一方的に押し付けて"恐怖政治"を志向することを決して望んではいません。むしろ、それとは全く逆に「できる限り営業（渉外）担当者が希望する活動を実施させたい・やらせたい」と考えていることでしょう。

その実現のためには、対象となる営業（渉外）担当者自身が「希望する活動」を保有し、それを役席者に伝えることが必要となります。希望なしには、叶うも叶わないもないからです。役席者が営業（渉外）担当者を判断する際の事項のうち、十分条件に該当すると考えます。

さらに言えば、上記の「希望する活動」を自分の頭で考え、自分の言葉で発していることが求められます。知識と意欲を血肉化させ、自分のものとしてなければそれができないからです。

「やりたいこと」を具体的に保有し、そのための努力を厭わない者でなけ

れば、責任ある職位を委ねることに恐怖感を抱かざるを得ません。営業（渉外）担当者には、「希望する活動」の考案にあたり、顧客や金融機関を取り巻く環境を鑑みた上で、何をなすべきかを整理し考察を行うことも問われていると認識すべきなのです。

3 先輩達は「悩み」をどう克服したか？

　複雑化・高度化した近時の金融実務を踏まえれば、全く何の実務経験もなしに、金融機関営業店の役席者や営業店長に就任されることはまずないでしょう。現在一般職の営業（渉外）担当者の面前に座る役席者や営業店長も、金融機関における実務経験つまりは一般職時代を経て、現在の地位に就かれた方が大多数と考えます。

　時代は変遷しても、"数字"の獲得や人間関係など、営業（渉外）担当者の根源的な悩みは変わりません。これらの解決には能力（＝「知識×意欲」と筆者は認識しています）を備えることが有効となりますが、何の努力もせずに能力を備えた先輩はいないと思います。プロフェッショナルとしての完成度が求められる金融実務では、皆、人の見えないところで努力を重ねているというのが実態なのです。

　以下に、能力を身に着けるべく努力する際の代表的な着眼点を列挙します。

①顧客の満足度を高める

　満足度向上なしに、顧客からの"指名"はありません。よって、常に顧客の満足度向上を意識し、向上手段・施策を具体的に備えるべきとなります。

②新しい顧客に向き合う

　自然人と法人を問わず、顧客は黙っていれば減少していきます。よって、常に新規顧客に接触し、その"指名"を獲得できるよう、接触施策を具体的に実施すべきとなります。

③時間を作る

　誰しも、「1日＝24時間」の中で仕事や生活をやり繰りしています。よって、仕事の手順や手法を見直し、具体的な時間捻出を図るべきとなります。

④先んじて教える・伝える

教えない・伝えない人に情報は集まりません。情報を装備したければ、先んじて還元を行い、"発信力"のある人となる必要があるのです。よって、所属する金融機関の内外を問わず、具体的に他者に有益な情報をもたらすべきとなります。

おわりに

　本書執筆の動機は、「営業担当者の人員構成比が若年層とシニア層に二極化し、人手不足もあって「教え切れない」事態が生じている」ことを各所で知ったことでした。そうした事態の一助となることを目的に取り組んだものの、筆者の期日管理の甘さ（だけ）を理由に、記述は一向に進まない事態となりました。

　執筆開始後に、「営業店を強くするプレイング・マネージャー入門講座」のテキストほか"スポット"の仕事を承ったのも、本書の執筆が遅れたこと（に対して少しでも補填したいと考えたこと）と強く相関します。見方を変えれば、本書に記した"駄目営業（渉外）担当者"そのものの思考・行動です。

　こんな駄目な書き手を見守り、資料提供やアドバイスを頂戴した湊バンクビジネス副編集長、厳しくも暖かくご指導いただいた野崎出版部長、大局的なご指導と東中野での意見交換の場を頂戴した大内常務取締役・制作本部長に改めて御礼申し上げます。各位のご協力なしには、本書は絶対に陽の目を見ることはなかったことが骨身に染みています。

　また、業務ご多忙の中で素晴らしいイラストの描き手をご紹介いただいた東京デザイン専門学校の戸田クリエイティブディレクターおよび森本就職部主任にも、この場をお借りして改めて御礼申し上げます。

　さらには、学校法人原宿学園とのご縁を頂戴いたしました矢澤亀有信用金庫理事長にも、重ねて御礼申し上げます。

平成25年4月　佐々木　城夛

索 引

英数
ＯＪＴ・・・・・・・・・・・・・・・・・・・15、33

あ
アナリスト・レポート・・・・・・・・・・64
一般紙・・・・・・・・・・・・・・・・・・・・・168

い
インターネット・バンキング
・・・・・・・・・・・・・・・152、153、155

う
ウェブデザイン・・・・・・・・・164、165
浮き貸し・・・・・・・・・・・・・・・・・・・183
失われた10年・・・・・・・・・・・・・・・・40
運送会社・・・・・・・・・・・・・・・・・・・128

え
営業担当者の視点・・・・・・・・・・・・29
エンドユーザー・・・・・・・・・・・62、64

お
オーバー・バンキング・・・・8、30、
46、52、62、64、68、115、132、
134、156、177
オファー・・・・・・・・・・・・・・・・・・・・46

か
海外進出・・・・・・・・・・・・・152、153
外食事業・・・・・・・・・・・・・・・・・・・172
買い手・・・・・・・・・・・・・・・・・・・・・62
乖離・・・・・・・・・・・・・・・・・・・・・・171
化学・・・・・・・・・・・・・・・・・145、146

金余り・・・・・・・・・・・・・・・・・・・・・17
空振り・・・・・・・38、52、59、69、132

き
キーマン・・・・20、44、46、50、58、
59、61、69、77、101、105、163
危険回避意識・・・・・・・・・・・・・・・・74
技術者・・・・・・・・・・・・・・・・・・・・・80
キャンペーン・・・・36、47、48、49、
50、51、86、91
教育ローン・・・・・・・・・・・・・・・・・70
業界誌・・・・・・・・・・・・・・・・・72、73
業界情報誌・・・・・・・・・・・・・・・・・64
業界新聞・・・・・・・・・・・・・・・72、73
業種別審査事典・・・・・・・・・・・・・64
協働・・・・・・・・・・・・・・・・・135、173
恐怖政治・・・・・・・・・・・・・・・・・・197
業務監査部門・・・・・・・・・・・・・・159
緊急事態・・・・・・・・・・・・・・・・・・149
緊急連絡網・・・・・・・・・・・・・・・・・23
金融円滑化法・・・・・・・・・・・・・・・54
金融機関の再編・・・・・・・・・・・・・・8
金融システム・・・・・・・・・・115、172

く
苦情・・・・・・・・・・・・・・・・・180、182
クレーム・・・・・・・72、73、74、138、
139、141、142、153、156
グローバル化・・・・・・・・・・・・・・194

け

- 係争 …………………… 181
- 経営計画 ………………… 112
- 経済の成熟化 …………… 40
- 血液 ……………………… 6
- 決算書 ……………… 103、105
- 現在価値 ………… 90、91、93
- 建設 ……………………… 30
- 建設・不動産 …………… 72

こ

- 講演会 …………… 186、187、188
- 公開情報 ……… 24、38、113、122
- 口座開設 ………………… 89
- 口座振替 ………………… 86、89
- 購入価額 …………… 171、173
- 合理化 …………………… 70
- 効率化 …………………… 70
- 顧客からの選別 …………… 83
- 顧客接点 ………………… 18
- 顧客(側)の視点 …… 38、177、192
- 顧客(の)満足度 …… 75、82、199
- 国内市場の成熟化 ………… 75
- 個人商店 ………………… 65
- 個人ローン ……………… 70、175
- コスト意識 ……………… 140
- コンピュータ・システム費 …… 53
- コンプライアンス ……… 142、193

さ

- 財務分析サービス ………… 16、18

し

- 事業体 …………………… 20、24
- 資金操り ………………… 113
- 自己変革 ………………… 53
- 試算表 …………………… 130
- 事前準備 ………………… 37
- 自然人 …………………… 17、98
- 事前予約 ……………… 36、49、121
- 実権者 …… 26、62、65、69、70、78、112、113、114、115、119、131、132、163
- 支店 ……………………… 26
- 自動車ローン …………… 70
- 司法 …………………… 181
- 社会規範 ………………… 97
- 社会的儀礼 ……………… 96
- 自由化 …………………… 12
- 住宅ローン ……………… 69、130
- 住宅ローンの貸出残高 …… 7
- 十分条件 ……………… 21、37、195
- 宿題 …… 119、123、124、125、144
- 手段の目的化 …………… 81、162
- 受動的姿勢 ……………… 197
- 商機 …………………… 147
- 証券外務員 ……………… 14
- 少子高齢化 ……………… 75、92
- 消費よりも貯蓄 …………… 46
- 情報共有 ………………… 67
- 情報提供 …… 114、129、187、188、

189、194

賞与················114、128、129

職域··················87、88、89

食品························80

書店············48、49、50、51

人件費······················53

審査······················118

人材派遣················186、187

人材派遣業··········47、48、50

信用コスト··················68

信用調査················64、68

信用調査機関··········42、46、83

信用調査情報············46、64

信用リスク············31、32、41

す

スーパー··········60、61、62、64

せ

生産的な会議················36

性弱説····················184

精神論··········52、119、185、189

セールス····39、46、47、79、109、160、186

セキュリティ············152、155

セクショナリズム············155

全国銀行の住宅ローン残高······· 7

潜在ニーズ··················125

前提条件··················194

専門学校··············102、103

専門紙····················168

そ

総合成績··················100

総合評価····················81

相談対応··············194、195

損失補填··················183

た

対応期限··················142

対外公開情報················21

大企業病··············155、156

駄目な職場··················81

団塊世代の大量退職············ 2

団体交渉··················129

ち

地域（ミクロ）経済············ 6

チーム・ワーク··············139

地区割り····················86

血肉化····················197

中間管理··················118

中古車ディーラー··········48、49

町丁字············30、58、86、118

陳腐化····················141

て

ディスクロジャー誌············24

デイリー食品················63

デザイン··················163

テナント··················172

デフレ······················ 8

テラー・カウンタ··············14

電気工事業界············121、123

店舗網・・・・・・・・・・・・・・・・・・・・・・・26

と

投資信託・・・・・・・89、171、173、174
投資よりも貯蓄・・・・・・・・・・・・・・・・46
同族企業・・・・・・・・・・・・・・・・55、65
土台・・・・・・・・・・・・・・・・・・・・・・・155
ドラッグ・・・・・・・・・・94、95、96、98
トラブル・・・・138、141、142、147、148、180、182
取越苦労・・・・・・・・・・・・・・・・・・・150
取引占有率（シェア）・・・・・・・・・・・101

な

馴れ合い・・・・・・・・・・・・・・・・・・・・71

に

握り込み・・・・・・・・・・・・・・・・・・・183
二次活用・・・・・・・・142、149、151
二次災害・・・・・・・・・・・・・・・・・・・149
日本料理店・・・・・・・・・・・・・59、61
ニュース・ソース・・・・・・・・・・・・・・83
人間性・・・・・・・・・・・・・・・・・・・・・196
認知度・・・・・・・・・・・・・・・・・・・・・57

ね

値ごろ感・・・・・・・・・・・・・・・・・・・・24
ネット通販・・・・・・・・・・・・・・・・・127
年金保険・・・・・・・・・・・・・・・・・・・・89
年次報告書・・・・・・・・・・・・・・・・・・24

は

パーラー・・・・・・・・・・・・・178、181
パチンコ業・・・・・・・・・・・・・・・・・178

発信力・・・・・・・・・・・・・・・・・・・・・200
バブル崩壊・・・・・・・・・・・・・・・・・・40
反社会勢力・・・・・・・・・・・・・・・・・168
判断の拠り所・・・・・・・・・・・・・・・192

ひ

ビジネス・マッチング・・・・・・48、49
必要条件・・・・・・・21、37、72、193
人を見る目・・・・・・・・・・・・・・・・・・44
備忘録・・・・・・・・・・・・・・・105、109
病院・・・・・・・・・・・・・・・87、88、89
標準値・・・・・・・・・・・・・・・・・・・・・38

ふ

フォロー・・・・・・・81、82、171、172
フォローアップ・・・・・・・・・・・79、98
フォロー訪問・・・・・・・・79、81、82
付加価値・・・・・・・・・・・・・・・・・・・82
不正行為・・・・・・・・・・・・・・・・・・・54
付属明細書・・・・・・・・・・・・・・・・・103
不動産・・・・・・・・・・・・・・・・・・・・・123
部分最適化・・・・・・・・・・・・・・・・・155
不用意な約束・・・・・・・・・・・・・・・184
プラスチック・・・・・・・152、153、154
ブランド・イメージ・・・・29、30、83
プレイング・マネージャー・・・・・・162

へ

ペーパー・カンパニー・・・・・・・・・・65

ほ

法人・・・・・・・・・・・・・・・・・・・17、98
法人成り・・・・・・・・・・・・・・・・・・・44

訪問予約・・・・・・・・・・・・・・・144、147
ホームセンター・・・・・・・・・・・・・110

ま

マクロ経済・・・・・・・・・・・・・・・・・・6

め

名目GDP・・・・・・・・・・・・・・・・・・・・6
メイン・・・・・・・・・・・・・・・・80、174
メガネ・・・・・・・・・・・・・・・・・・・・・87
面談予約・・・・・・・・・・・・・・・・・・・66

も

モニタリング・・・・・・・・・・32、172
諸刃の剣・・・・・・・・・・・・・・・・・・・・1
問題意識・・・・・・・・・・・・・・・・・・102

や

やっつけ仕事・・・・・・・・・・・・・・・81
やらされている感・・・・・・・・・・・81

ゆ

有効面談数・・・・・・・・・・・・・・・162

よ

予備調査・・・・・・・・・・・・・・36、37

ら

ラスト・リゾート・・・・・・・・・・・183

り

リスク管理・・・・・・・・・・・・・・・・・50
リスク商品・・・・・・・・・・・・・・・174
理念・・・・・・・・・・・・・・・・・・・・・112
流通系金融機関・・・・・・・・・・・・・14
リレーションシップバンキングにおけるアクション・プログラム・・・・78

連帯責任・・・・・・・・・・・・・・・・・100
連帯責任は無責任・・・・・・・・・・155

ろ

労務管理・・・・・・・・・・・・・・・・・・20
ローテーション・・・・・・・・・14、30
ロール・プレイング・・・・・・・・・133

●著者略歴●
佐々木城夛（ささきじょうた）

信金中央金庫　人事部付　上席審議役
1967年8月生まれ、東京都出身。
1990年3月慶應義塾大学法学部法律学科卒業、同年4月全国信用金庫連合会（現信金中央金庫）入庫。営業店・総合企画部・欧州系証券現法（在英国）・総合研究所等を経て信用金庫部にて経営相談を担当。2011年3月信用金庫部上席審議役兼コンサルティング室長、2012年4月より現職。
営業推進、不祥事件防止・抑止、オペレーショナル・リスク・コントロール、市場リスク管理、能力開発等をテーマに経営相談を実施。著書に「金融機関の監査部監査・自店内検査力強化の手引き―金融機関を守る最後の砦」（金融財政事情研究会）、通信教育テキストに「営業店を強くする　プレイング・マネージャー入門講座」（近代セールス社）、雑誌出稿に「近代セールス」ほか多数。

[参考文献]
伊丹敬之・加護野忠男「ゼミナール経営学入門（第3版）」（日本経済新聞社）
佐々木城夛「金融機関の監査部監査・自店内検査力強化の手引き」（金融財政事情研究会）
佐々木城夛「営業店を強くする　プレイング・マネージャー入門講座　Text1・2」（近代セールス社）
佐々木城夛「金融・保険業におけるコース別雇用管理制度の現状と課題」賃金事情2011.12.05（産労総合研究所）
佐々木城夛「少数精鋭組織をつくる業務の標準化」金融財政事情　2012.05.14（金融財政事情研究会）
佐々木城夛「内部通報・相談窓口の利用活性化のために」銀行法務21　2012/09（経済法令研究会）
戸谷圭子・栗田康弘「窓口・渉外係のための金融マーケティング入門」（近代セールス社）

これでわかった！
イケイケ銀行営業担当者への変身・脱皮法

2013年5月30日　初版発行
2013年7月12日　第2版発行

著　者――――佐々木城夛
発行者――――福地　健

発行所――――株式会社近代セールス社
　　　　　　　http://www.kindai-sales.co.jp
　　　　　　　〒164-8640　東京都中野区中央1-13-9
　　　　　　　ＴＥＬ：03-3366-5701
　　　　　　　ＦＡＸ：03-3366-2706

印刷・製本――三松堂株式会社
本文イラスト――上神谷綾美
協力――――――学校法人原宿学園　東京デザイン専門学校

Ⓒ2013 Jota Sasaki
ISBN 978-4-7650-1187-7 C2033
乱丁・落丁本はお取り替えいたします。
本書の一部あるいは全部について、著作者から文書による承諾を得ずに、いかなる方法においても無断で転写・複写することは固く禁じられています。